우물쭈물하지 않고 영리하게 물어보는 법

Ask

물어 보라, 떨지 말고

우물쭈물하지 않고 영리하게 물어보는 법

린다 스윈들링 지음 | 이상원 옮김

갈매나무

C O N T E N T S

2부 30%, "Yes"를 이끌어내는 질문의 기술

3부 70%, 아직도 물어볼 용기가 없는 당신에게 필요한 것들

|4부| 100%, 영리한 요청은 100% 기회를 만든다

/5부/ 120%, 최고의 협상가에게 배워야 할 것

프롤로그

대답을 듣기도 전에 포기하는 당신에게

지금에 만족하는가

당신이 지금 삶에서 진정으로 원하는 것을 이루지 못했다면 요구하지 않았거나 혹은 원하는 것보다 못 미치는 기준에 타협했기 때문일 것이다.

무엇을 놓쳤는지 알고 싶은가?

나는 당신이 얼마나 많은 기회를 놓쳐버렸는지 안다. 내 경험과 연구로 미뤄볼 때 당신은 충분히 잡을 수 있었던 기회들을 흘려보냈다. 무언가를 요청할 때 지나치게 준비한 나머지 별 의미 없는 부분에 초점을 맞추었기 때문이다. 당신은 당신의 준비와 경험, 능력에도 불구하고 가장 중요한 점을 놓치고 말았다.

원하는 걸 물어봐도 괜찮다는 증거가 있는가?

최근의 우리 연구 결과를 보자. 여러 직종에 종사하는 1000명 이상정확히는 1163명의 사람들이 이 연구에 참여했다. 그리고 진정 원하는 바를 묻지 못하는 이유가 무엇인지, 제대로 묻지 못하는 영역은 또 무엇인지 알려주었다. 이 응답 결과는 우리가 묻는 질문의 내용과 방법에 어떤 중대한 결함이 있는지 보여준다. 우선 왜 거절당했는지에 대한 오해가 퍽 많다.

이 책을 쓰는 목적도 묻기, 즉 질문이나 요청과 관련된 잘못된 인식을 깨뜨리고 묻기가 실패하는 이유를 제대로 밝히기 위해서다. 연구 결과, 묻는 방법을 개선할 경우 열 명 중 여덟 명이 더 나은 결과를 얻을 수 있는 것으로 나타났다. 나머지 20퍼센트는 이미 효과적으로 물어볼 줄 아는 이들이다. 이 20퍼센트는 어째서 다른 사람들은 기회가 있을 때 묻지 않는지 의아해한다.

가장 큰 장애물은 뭘까?

당신은 더 잘 묻고 더 좋은 결과를 얻을 수 있다. 내 경험과 연구를 바탕으로 볼 때 장애물은 다른 무엇도 아닌 당신 자신이다. 두려움을 느껴도 괜찮다. 어떻든 묻고 요구해야 한다.

기회가 왔을 때 물어봐야 한다

제이 레노Jay Leno가 진행하는 '투나잇 쇼' 녹화 현장을 상상해보라. 제이 레노가 녹화 시작 전에 청중들의 질문을 받겠다고 한다. 놀랍게도 당신이 첫 번째로 지목되었다. 바로 내게 일어난 일이다. 나는 제이 레노의 직업에 대해 질문한 뒤 무대에서 함께 사진을 찍게 해달라고 부탁하고 싶었다.

제이는 첫 번째 질문에 답한 후 내가 미처 사진 요청을 하기 전에 다른 여성의 질문을 받았다. 그 여성은 망설임 없이 함께 사진을 찍어도 되느냐고 물었다. 여성이 일어나 무대로 가는 순간 제이 레노가 나를 돌아보며 "바로 이걸 물어볼 생각이 아니었나요?"라고 물었다. 나는 고개를 끄덕이고 일어나려 했다. 제이 레노는 앉아 있으라고 손짓을 했다. 그리고 고개를 저으며 내가 잊지 못할 한 마디를 했다. "미안하지만 당신은 기회가 있을 때 묻지 않았어요. 다른 분이 먼저 물었군요."

지금도 그날 생각을 하면 기분이 가라앉는다. 나는 내가 가장 원하는 것을 먼저 묻는 대신 별로 궁금하지도 않은 것에 기회를 써버렸다. 물론 이렇게 정말 원하는 것을 묻지 못하는 사람이 나 혼자만은 아니다. 우리 연구에 따르면 뭔가 큰 것을 요구하고 싶었지만 하지 못했다는 사람이 3분의 1에 달한다. 승진, 상여금, 이사 비용, 심지어는 대학 등록금까지 말이다. 그러다 결국 다른 사람이 내가 원했던 바로 그것을 얻어내는 모습을 보기도 한다. 내가 그랬던 것처럼 이 사람들도 물어볼 생각은 했지만 실행하지 못했던 탓이다.

자기가 원하는 것은 자기가 물어야 한다

우리 딸 테일러가 네 살 때 일이다. 학교 축제가 열렸다. 페이스페인팅 부스를 발견한 딸아이는 "얼굴에 나비 그림을 그리고 싶어요!"라고 말했다. 남편은 "좋은 생각이야. 자, 여기 티켓이 있어. 가서 나비 그림을 그려달라고 하렴. 엄마 아빠는 여기서 기다릴 테니"라고 대답했다. 하지만 딸아이 생각은 달랐다. 부스에 있는 사람에게 자기 대신 말해달라는 것이다. 몇 차례 설득 끝에 남편이 무릎을 꿇고 테일러의 눈을 똑바로 들여다보며 말했다. "엄마 아빠는 얼굴에 그림을 그리고 싶지 않아. 네가 그리고 싶은 거지. 얼굴에 나비 그림을 그리고 싶은 건 너니까 네가 가서 말해야 한다. 우리는 여기서 기다릴 거야. 넌 잘 해낼 수 있어."

테일러는 쭈뼛거리며 부스로 들어갔다. 그러고는 얼굴에 보라색과 분홍색 나비 그림을 그려넣은 채 신이 나서 달려 나왔다. 스스로 자랑스러운 빛이 역력했다. 그날 아이는 다른 부스에서도 자기가 원하는 것을 요구하고 다녔다. 우리가 아이 대신 말해주는 건 어렵지 않은 일이다. 하지만 그렇게 하지 않은 덕분에 그날 아이는 수많은 어른들이 힘들어하는 일을 해냈다. 바로 자기가 원하는 것을 자기가 직접 묻는 것이다.

질문이나 요청은 회피하거나 남에게 맡길 수 있는 일이 아니다. 당신이 더 나은 대접을 받아야 한다고 해서 누군가가 알아주고 대신 나서주기를 기다릴 수는 없다. 변호사로 일할 때 나는 남들을 위해 협상하고 물어봐주는 전문가였다. 하지만 내가 필요로 하는 것, 정말 원하는 것을 묻는 경우는 드물었다. 고객의 이익을 최대화하기 위해 행동하면서도 정작 너무 탐욕스럽거나 자기중심적으로 보이기 싫어 내 이익은 최대화하지 못했다.

아마 물어만 보았더라면 고객들은 기꺼이 내 말을 들어주었을 것이다. 난 늘 좋은 성과를 내주는 믿음직한 파트너였으니까. 하지만 직접 묻지 못한 탓에 나는 적절한 보상과 충분히 가능했던 기회를 얻지 못했다.

안전지대 밖으로 나가야 두려움이 사라진다

법학전문대학원에서 공부하기 시작한 후 첫 몇 개월은 정말 끔찍했다. 내 지능과 의지에 심각한 의문을 품지 않을 수 없었다. 함께 강의실에서 수업을 듣는 다른 학생들은 모든 강의 내용을 다 이해하는 듯

했다. 고개를 끄덕이는 학생도 많았다. 몇몇은 자신만만하게 의견을 밝히기도 했다.

그 자신감 넘치는 학생들 사이에서 나는 그들과는 다른 전략을 세웠다. 내 무지를 감추고 주의 집중을 최소화하여 교수가 내 이름을 부르며 질문하지 않게끔 한 것이다.

잠자코 있어야 하는 이유는 또 있었다. 선두 그룹이 '멍청한' 질문을 하는 학생을 대놓고 비웃었던 것이다. 킥킥거리며 웃기도 하고 어이없다는 표정으로 고개를 젓기도 했다. 그 거만한 태도에 나는 오싹해졌고, 아직 법률가가 되지도 못한 주제에 매일같이 직업적 회의를 느꼈다. 그리고 구석에 숨어 필기만 해대면서 결코 오지 않을 깨달음의 순간을 기원했다.

그러던 어느 날 계약법 강의 시간이었다. 다른 때보다 한층 혼란스럽고 괴로웠다. 조별 토론 이후 나는 부끄러움을 무릅쓰고 물어보는 것이 법학전문대학원을 그만두는 것보다는 덜 어려운 선택이라는 결론을 내렸다. 그래서 주저주저하며 손을 들고 교수에게 금반언 원칙 promissory estoppel 개념에 대해 물었다.

어떻게 되었을 것 같은가? 교수는 '자주 나오는 질문'이라며 흔쾌히 설명을 해주었다. 설명을 듣고 나자 개념은 더 이상 혼란스럽지 않았다. 입을 굳게 다물고 시선을 피한 채 주눅 들어 앉아 있던 1개월이 지난 후 질문을 던짐으로써 처음으로 법 개념 하나를 알게 된 것이다. 나는 커다란 안도감을 느꼈다.

그렇게 안전지대 바깥으로 손을 뻗어본 결과 두려움이 사라졌다. 이해하려고 애쓰는 내 모습을 본 몇몇 교수들은 기꺼이 멘토가 되어 주었다. 혼란스러운 상태인 동료들, 그리고 선두 그룹 몇몇과 친구 사이가 되기도 했다. 선배들은 교수에 대해 알려주고 과거에 써둔 필기를 보여주었다.

물론 내 '멍청한' 질문과 무지를 비웃는 학생들도 있었다. 하지만 어차피 그 학생들은 내게 점수를 매길 수도, 인턴 자리를 연결해줄 수도, 학비를 해결해줄 수도 없는 존재였다. 일단 족쇄가 풀리자 나는 더 거리낌 없이 질문을 퍼붓게 되었다. 심지어는 두 저명인사에게 법학대학원 주최 행사에 참석해 무료로 강연을 해달라고 과감히 요구하기도 했다. 어떻게 되었을까? 페미니즘 학자 글로리아 스타이넘Gloria Steinem과 텍사스 주 하원 의원 새러 웨딩턴Sarah Weddington 둘 다 내 요청을 수락했다. 비웃음을 감수하고 물어본 덕분에 나는 좋은 성적을 받고 우등생이 되었으며 법학대학원을 마친 후 직장도 구할 수 있었다.

축제 행사 부스에 쭈뼛거리며 다가가는 어린아이의 사례나 질문 던지기를 두려워했던 법학대학원 학생의 사례가 당신과 무슨 관련이 있을까? 과감한 질문은 부끄러움을 동반하고 과감한 요구는 마음을 불편하게 한다. 묻기는 불편하다는 생각에 많은 이들이 입을 다물고 만다. 남들이 나를 어떻게 생각할지 걱정하고 내가 제대로 준비가 되었는지 걱정하는 것이다.

내가 무엇을 모르는지 나는 모른다

변호사 일을 하면서 만난 비즈니스 코치 일레인 모리스Elaine Morris가 몇 년 전 내게 물었다. "사무소 매출이 두 배로 늘었고 가족과도 더 많은 시간을 보내게 되었는데 여전히 행복하지 않아 보이시네요. 혹시 돈 생각 안 하고 달리 하고 싶은 일이 있나요?" 나는 돈 안 받고 했던 회의 발표나 교육 과정이 좋다고 대답했다. 일레인은 "바로 그런 일을 하면서 돈을 버는 사람들이 있다는 걸 모르세요?"라고 다시 물었다.

나는 전혀 모르고 있었다. 가르치면서 돈을 받는 것은 교사나 교수뿐이라 생각했던 것이다. 나머지 전문가들은 고객 확보 차원에서 무료로 강연을 한다고 여겼다. 일레인은 나를 강연자 연합과 연결해주었다. 법률을 포함해 여러 분야에서 활동하다가 강연, 교육, 저술로 직업을 바꾼 전문가들이 모인 곳이었다.

상대가 뭐라고 대답할지 지레짐작하지 말라

몇 년 전 나는 리더십 프로그램에 불만을 제기하기 위해 어느 출판사에 전화를 걸었다. 몇 차례 전화 연결이 거듭된 끝에 '내 문제를 해결할 수 있는 담당자'와 통화할 수 있었다. 그는 내 불만 사항을 해결해주면서 어떻게 변호사 출신이 리더십과 의사소통 프로그램에 관심을 갖게 되었느냐고 물었다. 용건이 끝난 뒤에도 법률 서비스에서 경영자 교육 프로그램으로 영역을 바꾼 내 경험에 대해 이야기를 나누었다. 그리고 전화를 끊기 전에 나는 혹시 새로운 저자가 필요하지 않느냐고 '과감하게' 질문을 던졌다.

분명히 말하지만 그 질문은 부적절하거나 무례하지는 않았다. 스스로 과감하다고 여긴 것은 내가 생각하는 규범을 벗어났기 때문이었다. 출간 계획을 논의할 때 출판사 편집자에게 바로 묻는 것은 전통적인 방식이 아니다. 특히 전화로는 말이다. 제안서를 보내야 한다. 잘 알고 있음에도 나는 과감히 질문했다.

나의 안전지대가 상대의 대응 방식을 결정하지는 않는다. 내 요구는 편집자에게 던진 또 하나의 질문이었을 뿐이다. 그럼에도 과감한 질문은 대단한 결과를 낳았다. 그 질문 덕분에 책 한 권이, 이어 여러 권이 출간된 것이다. 내 질문에서 시작된 대화와 인간관계는 경영자 교육 회사 설립과 이후 20년간의 강연자 경력의 토대가 되었다. 두려움을 느끼면서도 걱정하거나 주저하지 않고 묻는 것이 얼마나 큰 힘을 지니는지 상상해보라.

용기를 내야 원하는 걸 얻는다

두려움 없는 사람은 묻기에도 문제가 없다. 우리 아들 파커는 묻기의 달인이다. 언젠가는 식당 앞에서 줄 서 기다리는 중에 아들이 사라졌다. 정신없이 찾다 보니 아들은 식당 안에 들어가 또래 아이가 있는 가족 테이블에 함께 앉아 피자를 먹고 있었다. 아들을 데리고 나오면서 어디 친구인지를 물었다. 학교? 교회? 보이스카우트? 그쪽 어머니가 웃으면서 대답했다. "다 아니에요. 방금 만난 사이랍니다. 배가 고프다면서 같이 먹어도 되냐고 묻지 않겠어요?"

어른이 된 후에도 두려움 없이 묻기를 시도하는 파커는 콘서트장에서 프러포즈를 했다. 콘서트 중간에 무대에 올라 수많은 관객이 지켜보는 가운데 독창을 하면서 말이다. 이 역시 과감하게 물어본 결과였다. 콘서트 며칠 전에 지휘자를 찾아가 잠깐 자기가 노래 한 곡을 부르면서 프러포즈할 시간을 줄 수 있는지 물었던 것이다. 가능하다고 하자 반주까지 부탁했다. 다행히 결과가 좋았다. 승낙을 받아냈으니 말이다.

주저하지 않고 묻고 요구하는 사람이 주변에 있는가? 잘 관찰해보라. 그러라는 대답이 나올 때까지 집요하게 허락을 구하는 어린아이일 수도, 친구일 수도, 세일즈맨일 수도 있다. 사업가일 수도, 단체의 의사 결정자일 수도, 서비스업 종사자일 수도, 비영리 단체를 위한 기금 마련 담당자일 수도 있다. 이들은 많은 사람의 안전지대 바깥에 나가 묻기를 반복하고 결국은 원하는 바를 얻곤 한다.

우리는 물어봐야 한다는 사실을 쉽게 잊어버린다

이 책을 위한 조사 연구 과정에서도 나는 과감하게 묻기를 경험했다. 출판사 회의 열흘 전, 테드 강연 2주 전이었다. 두 곳에서 발표하기에 앞서 과감하게 묻기 연구의 최종 결과가 나와야 했다. 하지만 목표로 삼은 응답자 800명이 채워지지 않았다. 3개월을 기다렸지만 응답자는 562명에 불과했다. 전에도 책을 쓰면서 두 차례 조사를 진행했지만 이때처럼 어려운 적은 없었다.

나는 결국 SNS에 곤란한 상황을 알렸다. 자존심을 다 내려놓고 여성 강연자 동료들에게 응답자 800명 모집을 위한 도움을 청했다. 시간이 별로 없다는 점도 털어놓았다. 동료들은 내게 어떤 반응을 보였을 것 같은가?

바로 "지금까지 아무한테도 부탁을 안 한 거야?"였다. 나는 솔직하게 안 했다고 고백했다. 참으로 역설적인 순간이었다. 과감하게 묻기에 대해 글을 쓰고 강연을 하면서 정작 나 자신은 과감하게 묻지 못했으니 말이다. 동료들은 내가 설파해온 바로 그 방법을 내게 제안했다. 주변 사람들에게 도와줄 수 있는지 직접 물어보라는 것이었다. 괜한 설명을 덧붙이며 정당화를 시도할 필요 없이 단도직입적으로 원하는 바 그대로를 물어보라고도 덧붙였다.

시간이 급한 만큼 한 동료가 요청 문구를 써서 보내주었다. 그 문구를 친구들에게 보내 열 명씩에게 전달해줄 수 있는지 물어보라고 했다. 남들을 괴롭히고 싶지 않아 마음이 불편했지만 나는 심호흡을 하고 SNS에 요청을 띄웠다. 그리고 과감한 묻기의 힘을 두 눈으로 확인했다. 응답자 수는 며칠 만에 800명을 넘겼고 이어 1000명을 넘어셨다. 한 주가 지난 후 1163명으로 조사가 마무리되었다. 부끄러움을 감수하고 요청한 결과 응답자 수가 두 배로 늘어난 것이다.

여러 해 동안 나는 나 자신, 고객들, 그리고 사랑하는 이들이 요청하지 못한 탓에 원하는 것보다 낮은 수준에 머무는 모습을 보아왔다. 그리하여 이 연구를 시작하게 되었다.

이 책에서 소개하는 전략과 관점이 학습의 지름길이 되기를 바란다. 당신의 묻기 방식은 극적으로 개선될 수 있다. 또한 당신은 당신 자신의 상황뿐만 아니라 주변 사람들의 상황까지 바꿔줄 수 있다.

워밍업

나는 이제 과감하게 물어보는 사람이 될 것이다

'과감하다'라는 말의 정의

'과감하다'라는 단어의 사전적 의미를 찾아보면, '통상적 한계를 뛰어넘는 것, 관습적이거나 사실적이라기보다는 환상적인 것'이라고 나온다.

이 책에서 '과감하게 요청하기'는 안전지대를 벗어나 요청한다는 의미다. 과감함과 무례함은 다르다. 부정적이거나 거짓이 섞인 요청, 남을 이용하려는 무례한 요청은 먹히지 않는다. 반면 과감하게 요청하는 사람은 평범한 요청에 비해 훨씬 좋은 결과와 인간관계를 얻곤 한다.

과감하게 물어본 결과가 내게 무엇을 줄 수 있을까?

몇 년 전 한 고객이 세일즈맨 단체 교육을 요청해왔다. 회사의 신제품을 고객에게 제대로 소개하고 홍보하지 못하는 문제를 겪고 있다는 것이다. 나는 고객과 상의해 '묻기' 콘테스트를 열었다. 점심시간을 한 시간 늘리고 두세 명씩 그룹을 만든 후 그룹당 20달러를 주어 인근 쇼핑몰로 보냈다. 과제는 단순했다. '가서 더 많이 줄 수 있는지 물어보고 결과를 보고하세요.'

그룹마다 결과가 천차만별이었다. 한 그룹은 포기하고 바에 가서 술을 마시고 왔다. 다른 그룹은 자기들 돈 10달러를 보태 화장품 세일 품목을 사왔다. 하나 값에 두 장을 주는 저녁 식사 쿠폰을 구매해 총액을 40달러로 늘린 그룹도 있었다. 마지막 두 그룹은 100달러가 넘는 물건을 사왔다. 샘플, 할인, 덤 등을 요청하여 이룬 성과였다. 그해 신제품 판매에서 가장 실적이 좋은 세일즈맨들이 어느 그룹이었을지 맞혀보라.

이러한 '묻기' 콘테스트는 조금씩 변형되며 계속되고 있다. 많은 경우 별 성과가 없지만 간혹 엄청난 결과를 가져오는 그룹이 있다. 짧은 시간을 주고 '더 많이 줄 수 있는지 물어보고 결과를 보고하라'라는 단순한 지시를 내린 결과 다양한 직업 종사자들이 대단한 일을 이루었다. 예를 들면 다음과 같다.

* 물어본 결과 승진과 상여금을 얻어냈다.

* 물어본 결과 인간관계를 회복하거나 더 친밀한 사이가 되었다.
* 물어본 결과 새로운 비즈니스가 만들어졌다.
* 물어본 결과 예상치 못했던 상품과 서비스를 얻어냈다.
* 물어본 결과 빚을 청산하거나 비용을 줄였다.
* 물어본 결과 주택이나 건물 등 부동산을 얻어냈다.

추가적인 교육과 코칭이 주어지자 이들은 묻기를 지속해 누구도 예상치 못했던 성과를 냈다. 그리고 그들은 자신들의 성공 비결이 원활한 의사소통과 과감한 묻기라고 생각했다.

이미 잘 묻는 사람에게도 이 책이 필요할까?

당신은 어쩌면 이미 묻기의 달인이고 묻기를 통해 원하는 바를 얻어내는 상위 20퍼센트인지도 모른다. 그러면 이런 생각이 들 것이다.

* '난 원하는 바를 어떻게 물어야 할지 알고 늘 그렇게 해왔어.'
* '묻지 않는 사람들이 있다고? 어떻게 그럴 수 있지?'
* '그래서 요점이 뭐야? 난 바쁘다고.'

아마도 당신은 결정권을 가진 상대를 알아보고 접근하는 법을 알고 있을 것이다. 그리고 물어볼 때는 두려움이 없을 것이다. 때로는 질문 사항을 적어 상대에게 내민다. 묻기를 도전이나 게임으로 여기기도 한다. 이미 여러 번 훌륭한 성과를 거두어 묻기 능력은 증명된 상태이다. 이렇게 묻기에 아무 어려움이 없는 경우라 해도 이 책을 계속 읽어야 할 이유들이 있다.

* 당신은 리더다. 당신이 이끄는 사람들이 제안하거나 계약을 성사시키는 일을 제대로 하지 못하는 이유가 무엇인지 알아야 한다.
* 당신에게 소중한 누군가가 갈등을 피하려는 마음 때문에 리더 앞에서 승진이나 제안 등의 말을 꺼내지 못하고 있다.
* 사람들에게 편히 어울리기 힘들다는 말을 듣는다. 인간관계에서 보다 유연해야 한다는, 아랫사람들을 성장시켜야 한다는 피드백을 받는다.
* 서로 다 이해하고 합의된 줄 알았는데 그게 아니다. 계속 지켜봐야 한다. 직원들이 약속대로 최선을 다하는지 확인하려고 세부사항까지 챙긴다.
* 남들이 충분히 의지가 있고 창의적임을 안다. 하지만 당신만큼 신경을 쓰거나 앞장서지 않는 사람들 때문에 혼자 일을 다 한다는 느낌이 든다.

이 책을 읽고 나면 언제 무엇을 물어야 할지 더 잘 준비할 수 있을 것이다. 또한 직장과 삶에서 더 자신 있게 원하는 것을 물어볼 최선의 방법을 깨닫게 될 것이다. 이 책은 가능하다고 믿는 그 이상을 묻고 놀랄 만한 결과를 얻는 길을 단계별로 제시한다.

이 책의 내용은?

이 책은 당신이 자신 있는 모습으로 과감하게 물어볼 수 있도록 증명된 원칙과 개념을 제시한다. 이 전략과 조언들은 사람들이 과감하게 묻고 요청하도록 도와온 나의 지난 25년간의 경험을 바탕으로 한다. 사람들의 행동 이면에 숨은 이유를 이해하기 위한 비결도 등장한다.

매 장마다 당장 실행 가능한 질문과 팁이 나올 것이다. 이론이나 철학이 아닌 구체적인 기법을 익혀 압박 상황에 대처하도록 만들 것이다. 각본을 준비해 자신 있게 묻고 상대의 경청을 끌어내도록 도와주는 체크리스트도 마련되어 있다.

실제 사례들

과감한 묻기로 생각보다 더 큰 결과를 얻은 사람들의 실제 이야기가 소개된다. 개인 보호 차원에서 이름과 세부 사항은 일부 바꾸었지만 상황과 결과는 실제 그대로이다.

과감하게 묻기 조사 연구

사람들이 어떻게 묻고 무엇 때문에 주저하는지 보여주는 연구 결과가 책 전체에 걸쳐 소개된다. 4개월 동안 인터넷으로 진행된 이 조사 연구에서는 다양한 사례가 수집되었다. 원하는 경우 조사 참여자들은 익명으로 응답할 수 있었다. 조사 연구 결과는 사람들이 과감하게 묻기 어렵게 만드는 요인을 드러내주었다. 개인적 차원과 업무적

그림 1 조사 연구 응답자들의 직업 분포

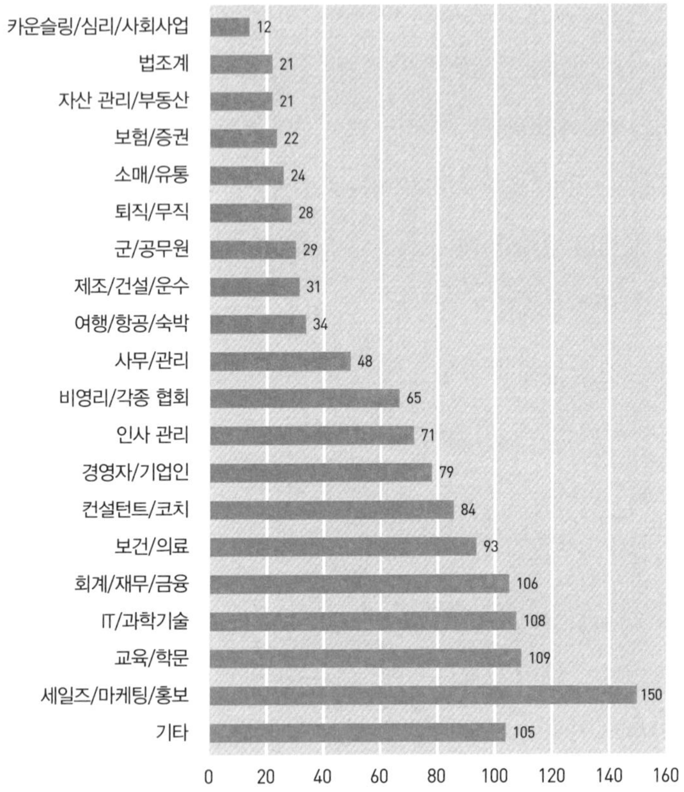

차원의 묻기 사이에는 유의미한 차이가 없었다. 더 강력하게 묻고 더 좋은 결과를 얻어야 한다고 다른 이들에게 격려의 말을 남겨준 사람들도 많았다.

조사 연구 참여자 1163명은 다양한 분야의 직업군에 분포했다그림 1 참조. 세일즈, 마케팅, 홍보 쪽에서 일하는 응답자들이 가장 많았는

데 이는 묻는 것이 직업이나 다름없는 분야이다.

설문지는 개방형 질문과 선다형 질문을 섞은 형태였다. 응답 결과는 이 책 곳곳에서 그래프나 인용문, 사례와 제언으로 등장할 것이다. 별도의 언급이 없는 한 연구 결과 혹은 설문 응답자라는 표현은 모두 '과감하게 묻기 조사 연구'를 말한다.

인용구

별도의 언급이 없는 인용구들은 '과감하게 묻기 조사 연구' 혹은 우리 프로그램의 참자가나 청중에게서 나온 것이다.

과감한 요약

각 부가 끝날 때마다 핵심 내용 요약이 제시된다. 책을 다 읽은 후 나중에 다시 내용을 찾아볼 때 이 요약 부분이 유용할 것이다. 요약을 먼저 살펴본 후 관심 있는 부분부터 읽어도 좋다.

현명한 질문

각 부 끝부분에 더 자신 있게, 덜 후회하도록 묻기를 돕는 질문들이 있다.

질문 목록

과업 목록은 구시대적이다. 과업 대신 이곳의 과감한 질문들을 목록으로 만들어 관리하라. 성과를 높이는 효과가 검증된 질문들이다. 안전지대 바깥으로 나가 물으려면 과감한 묻기로 성공할 수 있다는 자기 확신이 필요하다. 묻기 달인이 되고 싶다면 이 도전을 받아들여라.

묻도록 독려하기

당신이 관리하고 조언하고 이끄는 이들이 더 잘 묻도록 하기 위한 제언들을 담았다. 당신 대신 무언가 요청하도록 하는 데도 도움이 될 것이다. '나는 질문이나 요청을 잘하는 사람이다. 남들도 그렇게 묻고 결과를 얻어내도록 도우려면 어떻게 해야 할까?'라는 질문에 답을 주고자 한다.

평가하기

본격적으로 읽기 전에 다음 쪽의 평가 문제를 풀어보라.

이미 과감하게 잘 묻고 있다고 생각하는 경우 평가 결과가 그렇게 나올 수도 있고 예상보다 낮을 수도 있다. 자, 평가 문제라는 과감한 제안을 받아들일 준비가 되었는가? 자신이 과연 잘 묻는 사람인지 확인할 기회이다.

/ **평가 문제** /

'나는 지금 얼마나 잘 묻고 있나'

각 문항별로 현재 당신의 협상 능력을 평가해보라. 직장과 가정에서 행동하는 방식이 다른 경우 낮은 쪽 점수를 기입하라. 문항별 점수를 더해 총점을 내라.

점수 기준

전혀 아니다 – 1 거의 아니다 – 2 때로 그렇다 – 3 대개 그렇다 – 4 늘 그렇다 – 5

현재 나는	점수
원하는 바를 주저 없이 당당하게 묻는다. 다른 요소들의 방해를 받지 않는다.	
남을 위해 물어봐줄 때와 똑같은 열정과 확신으로 내게 유리한 일도 묻는다.	
사람들이 나를 좋아하고 존중한다는 것을 안다. 내 말과 내 의사는 신뢰받는다. 내가 없을 때에도 나와 한 약속은 지켜진다.	
누구와 만나든 올바른 방식으로 쉽게 물을 수 있다. 상대의 직위나 역할, 경험에 주눅 들지 않는다.	
새롭고 혁신적일지라도 적절하게 물을 수 있다. 상대가 내 질문에 대답할 권한을 가졌다고 확신한다.	
남들의 부정적 행동이나 거절에도 침착할 수 있다. 불공정한 상황에 충분히 대처할 준비가 되어 있다.	
기대나 예상을 뛰어넘는 성과를 자주 거둔다. 협상에서 아쉬움 없이 만족스러운 결과를 얻고 있다.	

총점: ____________

점수 평가

35점: 당신은 정말 원하는 것, 그리고 다른 모두가 원하는 것까지 얻으며 살고 있다!

28~34점: 원하는 것을 얻는 경우가 대부분이다.

21~27점: 때때로 원하는 것을 얻는다.

13~20점: 더 많은 것을 얻고 싶다.

7~13점: 원하는 것을 거의 얻지 못하며 그 이유가 궁금하다.

Ask

원하는 것을 얻지 못하고 남들 결정에 기대 살아가는 것은 기운 빠지는 일이다. 누군가 당신의 재능을 알아보고 돌파구를 마련해주기까지 기다리기만 한다면 당신 자신뿐만 아니라 주변 사람들까지 좌절감을 느낄 것이다. 묻지 못했던 기억 때문에 괴롭다면, 주어진 상황을 그저 받아들이는 것이 진절머리 난다면, 그리고 더 나은 성과를 낼 준비가 되어 있다면 정말로 원하는 것을 물어보겠다고 마음먹어보자.

1부

Ask

0%,
물어보지 않는 당신이 **얻을 확률**

01 **과감하게** 물어봐도 **괜찮다는** 증거

질문과 요청에는 마법 같은 힘이 있다. 최고의 성과를 올리는 이들은 두려움 앞에서도 물어볼 용기를 지닌 이들이다. 이들은 질문 사항을 넣은 봉투를 더 적극적으로 내밀고 더 많이 승리한다. 조금 더 묻는 법을 익혀 가능성을 확장한다. 그리고 위험 부담을 감수하는 데, 더 나아가 거절당하는 데 익숙하다.

정치가나 록 스타, 노벨상 수상자 등 다양한 역사적 인물들은 과감한 묻기로 위대한 업적을 이루었다. 물어볼 용기를 내면 상상 그 이상의 결과가 만들어진다. 한 번의 묻기가 인간의 평등과 존엄성을 세우고 의학적 진보를 낳으며, 새로운 비즈니스 방식을 창조하고 공동체를 변화시킨다. 아래 역사적인 요청의 사례를 보자.

로자 파크스Rosa Parks는 "왜 제가 버스 뒤쪽에만 앉아야 한다는 거죠?"라고 물었다. 이 묻기 덕분에 모든 국민이 피부색과 관계없이 동등한 권리를 가질 수 있도록 법이 바뀌었다.

루이 파스퇴르Louis Pasteur는 "무엇 때문에 포도주가 시큼해지는 거지?"라고 물었다. 이 묻기는 박테리아를 없애는 방법의 개발로 이어졌고 이는 음식을 안전하게 보관하는 파스퇴르 처리 기술로 발전했다.

매리 엘리스 버님Mary-Ellis Bunim과 조너선 머레이Jonathan Murray는 MTV 사에 "사람들이 집 안에서 사는 모습을 보여주는 무각본 텔레비전 쇼를 만들면 어떨까요?"라고 물었다. 그 결과 '리얼 월드The Real World' 프로그램이 탄생했고 리얼리티 TV라는 새로운 장르가 시작됐다.

과감하게 물으면 과감하게 얻는다

과감한 묻기를 시작하면 눈덩이 효과가 나타난다. 단순한 묻기였던 것이 복합적인 요청으로 커지는 것이다. 묻기는 협상으로 발전해 가능하리라 생각했던 범위를 뛰어넘는 차원으로 확대되기도 한다.

큰 이해관계가 걸린 묻기를 하는 사람들만 아는 비밀이 있다. 액수나 결과의 규모와 상관없이 과감하게 묻는 행위 자체의 느낌은 동일하다는 것이다. 규모가 크든 작든 아드레날린이 분출되고 두려움, 흥분, 심장 두근거림, 호흡수 변화, 주의 집중 등의 동일한 현상이 일어난다. 이런 변화를 겪으며 과감하게 묻는 사람들은 삶의 모든 영역에서 놀랄 만한 결과를 얻는다. 그리고 때로 가장 의미 있는 결과는 개인적 영역에서 나타난다.

몇 년 동안 연락 없이 지내던 아들에게 전화를 걸어 사과했습니다. 그리고 다시 시작할 수 있을지 물었지요. 아들은 처음으로 손자와 통화하도록 해주더군요. 그때 손자는 네 살이었습니다.

남자친구에게 언제 우리가 결혼하면 좋을지 물었어요. 그리고 그다음 주에 청혼을 받았지요. 반년 전에 반지를 사두고 기다리는 중이었더라고요.

비즈니스와 관련하여 과감하게 물어본 사례들도 있다.

17년 동안 생각을 한 끝에 저는 다른 진료과 의사들에게 함께 수납 부서를 운영해 업무를 효율화할 생각이 없는지 물었습니다. 그 결과 새로운 비즈니스가 탄생했고 수백만 달러의 매출이 생겼지요.

과거에 여러 일을 함께 했던 공급업자가 있었는데 관계가 틀어져버렸어요. 박람회장에서 그 업자 부스로 가서 과거의 안 좋은 기억은 잊고 다시 협력 관계를 맺으면 어떻겠냐고 물었죠. 그리고 최근에 역대 최대 규모의 주문을 따냈습니다.

우리는 왜 묻기도 전에 포기하는 걸까?

조사 대상자의 96퍼센트 이상은 약간 더 묻거나 위험 부담을 조금 더 감수함으로써 더 좋은 결과를 얻었다고 답변했다그림 2 참조. 셋 중 한 명은 결과가 50퍼센트 이상 좋아졌다고 답했다. 사람들이 묻기를 어려워하는 주된 이유는 다음과 같았다.

그림 2 묻기 어려운 이유

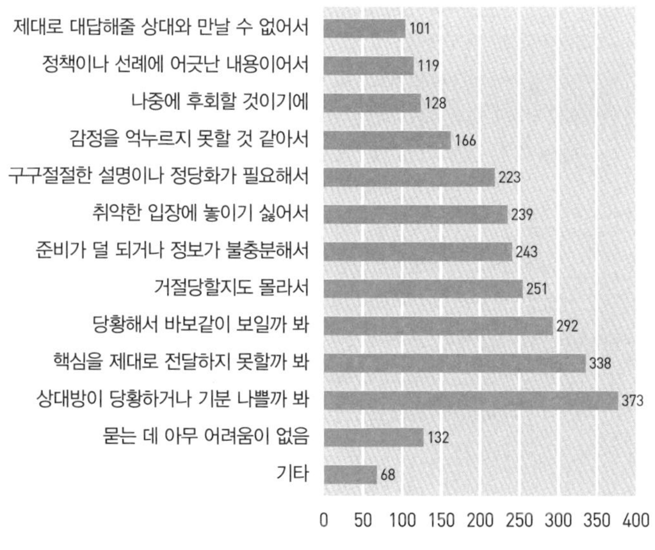

* 상대가 당황하거나 기분 나쁠까 봐
* 핵심을 제대로 전달하지 못할까 봐
* 당황해서 바보같이 보일까 봐
* 거절당할지도 몰라서

자기 검열이나 주저함으로 인해 결국 당신은 충분히 얻을 수 있는 결과를 놓치고 만다. '상대방이 당황하거나 기분 나쁠까 봐'라는 이유

그림 3 (개인적 혹은 업무적인) 묻기가 거절당했던 이유

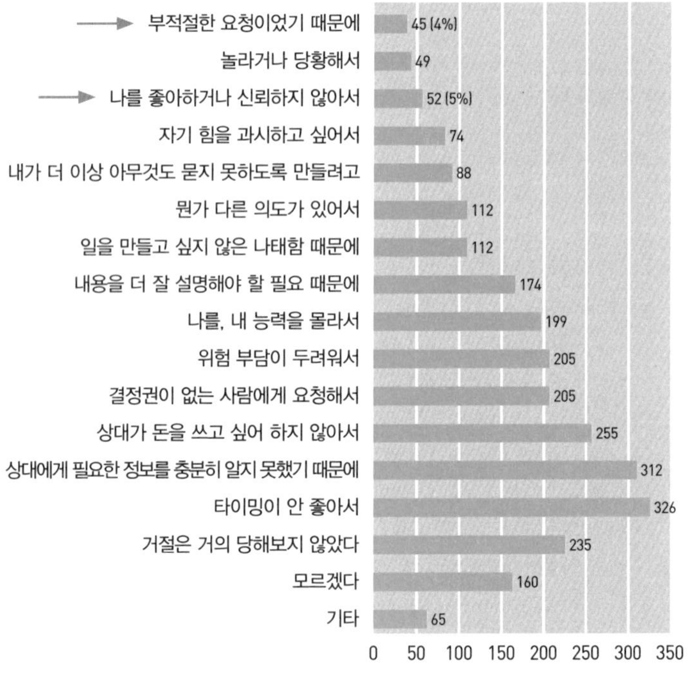

가 '거절당할지도 몰라서'보다 훨씬 더 많이 나왔다는 점은 좀 이상하지 않은가? 많은 이들이 원하는 바를 얻기 위해 상대를 귀찮게 하는 것보다 거절당하는 것이 더 낫다고 여기는 것이다.

과감하게 묻기 연구는 우리가 잘못된 걱정을 하고 있음을 보여준다. 예를 들어 다음과 같은 이유 때문에 우리는 거절당했다고 생각한다그림 3 참조.

* 상대에게 필요한 정보를 충분히 알지 못했기 때문에
* 타이밍이 안 좋아서
* 상대가 돈을 쓰고 싶어 하지 않아서

그런데 실제로 거절의 말을 했던 사람들이 꼽은 주된 두 가지 이유는 달랐다.

* 수락하기에 부적절한 요청이었기 때문에
* 좋아하거나 신뢰하지 않는 사람이 요청했기 때문에

자, 어떤가? 우리는 초점을 잘못 맞추고 있다. 사람들이 거절하는 이유, 그리고 왜 거절당했는지 생각하는 이유는 서로 완전히 다르다. 대부분의 사람들이 자기 요청이 거절당한 진짜 이유를 모르는 것이다.

그림 4 상대가 어떨 경우에 거절하는가

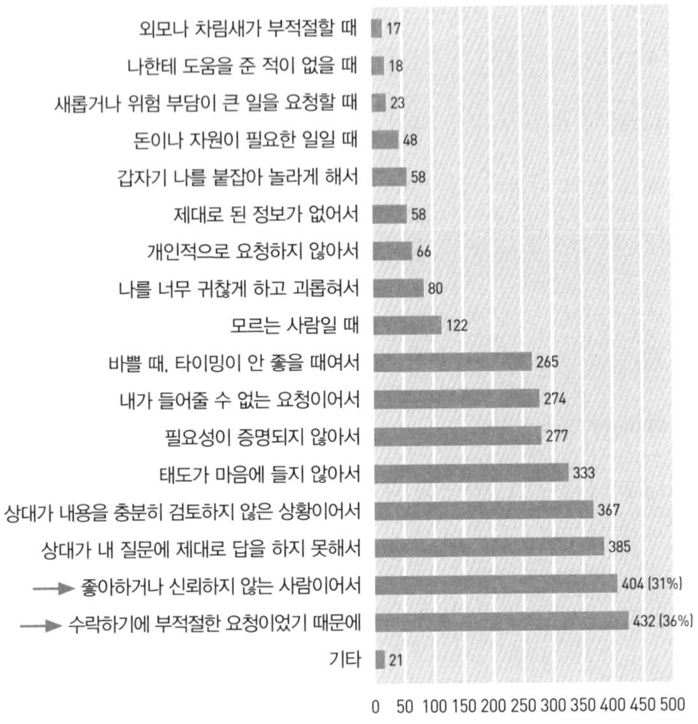

사람들이 거절하는 제일 큰 이유는 상대가 '수락하기에 부적절한 요청이었기 때문에'로, 36퍼센트가 이를 주된 이유로 응답했다그림 4 참조. 하지만 자기가 그런 이유로 거절당했다고 생각하는 사람은 4퍼센트에 불과했다그림 3 참조.

더 나아가 거절한 사람들 중 31퍼센트가 '좋아하거나 신뢰하지 않는 사람이어서'라고 답한 반면 거절당한 사람들 중 '나를 좋아하거나 신뢰하지 않아서'라고 답한 경우는 5퍼센트에 불과했다.

이 연구는 또한 필요한 모든 정보를 다 알고 있을 때 준비가 되었다고 생각하고 자신감을 갖는 사람이 79퍼센트라는 점도 보여주었다.

인식과 실제 사이의 괴리가 얼마나 큰가! 엉뚱한 사람에게 엉뚱한 것을 묻는 상황이라면 정보를 아무리 잘 준비한들 무슨 소용일까? 당신이 물어보는 상대가 당신을 좋아하거나 신뢰하지 않는 상황일 때 이 연구 결과는 어떤 도움이 될까?

02 포기하면 **잃어버리는** 것들

원하는 것을 얻지 못하고 남들의 결정에 기대 살아가는 것은 기운 빠지는 일이다. 누군가 당신의 재능을 알아보고 돌파구를 마련해 주기까지 기다리기만 한다면 당신 자신뿐만 아니라 주변 사람들까지 좌절감을 느낄 것이다. 물어보고 요청하지 않으면 놓치게 된다. 다음 상황들이 익숙하지 않은가?

* 꿈꾸던 업무나 승진 기회가 당신만큼의 자격이나 경험도 없는 사람에게 돌아간다.
* 당신이 원하던 출장이나 프로젝트 기회를 다른 동료가 차지한다.
* 친구는 호텔 방을 더 좋은 방으로 바꾸거나 비행기 좌석을 업그레이드한다. 당신은 처음에 배정받은 것에 만족한다.

* 당신 삶의 중요한 일들을 당신 의사도 묻지 않고 누군가 결정해버린다.

이 밖에도 묻지 않아서 보는 손해는 많다. 요청하려고 수없이 고민하면서도 막상 묻지 않는 것은 현 상태에 만족한다는 의미다. 앞으로 더 나아갈 준비가 되지 않았다는 신호인 것이다. 이는 마치 여행을 떠나 목적지 몇 발짝 앞에서 멈춰서는 것과도 같다. 우리 조사의 응답자들은 묻기를 꺼리는 상황을 다음과 같이 표현했다.

* 용기가 있으면 좋겠어요. 거절당하면 얼어버릴 것이 무서워요.
* 남의 도움이 필요하다고 생각하면서도 열에 아홉은 그냥 혼자 하는 편을 택해요.
* 지금 가진 것에 감사하라고 배웠어요.

물으면서 나아가지 않는다면 무엇이 가능한지 절대로 알 수 없다. 결정권을 가진 이들은 당신의 준비 상태나 열망에 대해 아무것도 알지 못한다. 묻지 않는다면 당신의 요청을 고려해 답변을 줄 수 있는 상대의 기회를 빼앗는 셈이다.

조금 더 용기를 낸다면 무엇이 달라질까?

묻기는 용감한 행동이다. 과감하게 묻기는 우리에게 취약함을 감수하도록 하고 일부 통제력을 포기하게 만든다. 바보같이 보이거나 거절당할 위험성도 있다. 그러나 최선의 결과를 얻으려면 미지의 요소를 최소화하고 통제 가능한 요소들을 잘 활용하며 물어볼 용기를 발휘해야 한다. 묻지 못했던 기억 때문에 괴롭다면, 주어진 상황을 그저 받아들이는 것이 진절머리 난다면, 그리고 더 나은 성과를 낼 준비가 되어 있다면 정말로 원하는 것을 물어보겠다고 마음먹어보자.

Tip

내가 용감하다면

자나 스탠필드와 지미 스콧의 노래 '내가 용감하다면(If I were brave)'는 안전지대 밖으로 나가 원하는 것을 묻는 데 필요한 용기를 다룬다.

남몰래 꾸던 꿈을 다 이룰 수 있다면?
뭐든 가질 수 있다면 무엇을 달라고 할까?
두려움에 귀 기울이기를 거부한다면
용기의 목소리가 내 귓가에 속삭이겠지.
내가 용감하다면 오늘 무엇을 할까?

03

과감하게 묻는 데는 **이유가** 있다

질문과 요청을 습관화하고 싶다면 꾸준히 안전지대 밖으로 나가 묻는 연습을 해야 한다. 처음에는 안전한 요청으로 시작하는 것이 좋다. 일상에서 한 소소한 요청이 업무 면에서도 개선을 가져온다는 점을 확인하라. 'No'라는 대답도 편안하게 받아들여라. 아직 'No'라는 대답이 나오지 않았다면 과감한 묻기를 충분히 하지 않았다는 뜻일지도 모른다. 'No'가 나올 때까지 계속 물어도 괜찮다.

묻기를 습관화하다 보면 이것이 곧 제2의 천성이 된다. 어디서나 편하게 물을 수 있게 되면 정말 중요한 순간에도 과감하게 물을 수 있을 것이다. 그리고 중대한 순간에 남들이 상상조차 하지 못하는 결과를 얻어낼 것이다. 기대치를 뛰어넘는 성과를 마주할 마음의 준비를 하라.

당신이 이끄는 사람들에게 묻기를 독려해보자. 우선 29쪽의 평가를 통해 지금 스스로 얼마나 잘 묻고 있는지 확인하는 과정을 거쳐보자. 평가 결과를 검토하며 다음의 '과감하게 물어야 하는 10가지 핵심 이유'를 함께 살펴보라. 스스로에게 "더 많은 것을 요구할 때 어디에 초점을 맞추는가?", "어떤 핵심 이유가 가장 와닿는가?", "묻기가 습관화되면 어떤 결과가 가능한가?" 등의 질문을 던져보면 더 좋다.

과감하게 물어야 하는 10가지 핵심 이유

놀랄 만큼 멋진 결과를 얻을 수 있다

과감하게 묻기를 시도했는데 상대는 전혀 놀라지 않더라고 말하는 경우가 적지 않다. 오히려 상대는 도울 수 있다는 것에 기뻐하고 왜 진작 묻지 않았느냐고 의아해하기도 한다.

열정의 증거를 드러낼 수 있다

정말 관심 있는 것이 무엇인지 드러내는 일에는 파급 효과가 있다. 사람들은 당신이 더 좋은 결과를 얻기 위해 최선을 다하고 있음을 알게 된다. 묻기를 통해 원하는 바를 스스로 알고 있고 변화할 준비가 되어 있으며 성과를 얻고 싶어 한다는 점을 전달할 수 있다.

힘 있는 모습을 보일 수 있다

과감하게 요청하는 사람은 상대의 경청을 이끌어낸다. 힘 있는 묻기는 확신을 보여주고 영향력을 발휘할 가능성을 높인다.

궁금했던 답변을 얻을 수 있다

물어야 답이 나온다. 그 답이 'No'이거나 '아직 불가능'일지도 모르지만 말이다. 요청에 답이 나오면 거기 맞춰 다음 걸음을 뗄 수 있다. 그러면 시간, 자원, 정신적 노력이 절약된다. 가장 중요하게는 물어볼 용기를 냈으면 어땠을지 생각하며 후회할 필요가 없어진다.

신뢰감을 형성할 수 있다

원하는 바를 밝히면 남들이 당신의 속마음을 파악하려 애쓰지 않을 수 있다. 또, 당신에 대한 신뢰감이 커지면서 이후로는 먼저 나서서 도와주려 할 것이다.

힘의 균형을 이룰 수 있다

묻기를 통해 힘의 불균형이 사라진다. 주어진 것을 그냥 받아들이기보다 과감하게 물어봄으로써 당신이 성과를 이뤄낼 충분한 준비가 되었고 필요하다면 토론할 수 있다는 점을 보여줄 수 있다.

시간낭비를 예방한다

묻기는 엉뚱한 사람들에게 시간을 허비하지 않게 한다. 누가 당신이 원하는 결과에 대한 결정권을 갖고 직접적으로 도움을 줄 수 있는지 신속히 파악할 수 있다.

요청한 것보다 더 받을 수 있다

안전지대 밖으로 나갈 용기를 낸다면 당신이 상상하던 한계가 때로는 존재하지도 않았음을 알게 된다. 묻기는 성공 가능성을 극대화할 뿐만 아니라 때로는 더 좋은 대안도 가능하게 한다.

자신감이 충전된다

가장 큰 성과는 과감하게 묻고 난 이후의 기분이다. 두려움을 이기고 물어본 후에는 자신감과 자존감을 느끼게 된다.

존중받을 수 있다

사람들은 더 크게 생각할 수 있도록 이끌어주는 사람을 좋아한다. 위험 부담을 이겨내고 효과적인 의사 결정을 내리며 기대 이상의 성과를 내는 리더십 모델이 되어보지 않겠는가?

04

요청에는 크고 **작음이** 없다

힘 있게 물어보고 싶다면 우선 상대가 당신을 어떻게 보는지 알 필요가 있다. 가족과 친구들은 '진짜' 당신을 안다. 하지만 처음으로 만나 진짜 당신을 모르는 상대에게 물어야 하는 상황도 종종 일어난다.

상대의 시선에 아랑곳하지 않고 '거절당하면 그만'이라 여기며 자신 있게 물어볼 수 있는 사람은 몇 되지 않는다. 우리 연구에서는 응답자 다섯 명 중 한 사람만이 자기가 원하는 것을 아무 어려움 없이 물어볼 수 있다고 답변했다. 이들의 사례를 살펴보자.

비즈니스 상황에서 원하는 것을 묻는 건 전혀 어렵지 않아요. 뭘 묻든 답변이 나오죠. 명확한 요청이 아니라 해도 말이에요.

최악의 답변은 'No'일 뿐인데 묻지 않을 이유가 있나요?

어떻게 된 질문해야 좋을지 모를 때에도 일단 묻기 시작해요. 대화를 하다 보면 예상치 못한 방향에서 원하던 답변이 나오는 경우가 많으니까요.

묻기의 달인은 무엇이 다른가

당신 주변에도 용감하게 묻는 사람이 있을 수 있다. 가족 중 특히 어린아이들은 끈질기게 묻곤 한다. 장난감이나 간식을 원하는 아이를 상상해보라. 아이들의 상황을 연결해가며 잊지 않고 묻는 능력은 매우 흥미롭다. 아이들은 'No'라는 답변에 아랑곳하지 않고 자기가 원하는 것에 집중한다. 그리고 요청이 상황에 따라서, 상대가 누구인지와 사안이 무엇인지에 따라서 크게 좌우된다는 것을 안다. 그리하여 권한이 있는 사람에게 매달려 접근법을 바꿔가며 최상의 방식을 찾는다. 아이들은 매우 창의적으로 수없이 다양한 방식을 활용해 묻는다. 이렇게 해서 실패하기보다는 성공하는 경우가 훨씬 많다.

묻기의 달인들은 한 발 더 나아가서 묻는다. 더 나은 조건이나 결과를 묻는 것이다. 정보, 배려, 특별 대접을 요청하는 이들의 모습을 관찰해보라. 그들은 누구 앞에서도 주눅 들지 않는다. 그들에겐 너무 작은 요청도, 너무 큰 요청도 없다. 더 많이 물을수록 더 많이 배우거나 얻는다는 점을 알고 있다. 남들이 별 상관없는 정보를 수집하거나 완벽한 상황 조성 시점을 기다리는 동안 묻기의 달인들은 일단 요청을 한다. 그리고 다른 방법으로 묻기를 반복한다.

남들이 하지 않을 요청을 과감하게 함으로써 업무에서 성공하는 경우도 많다. 이들은 존중을 받는다. 이들의 질문은 진지하게 받아들여진다. 추가적으로 도움을 받기도 한다. 이들 달인을 관찰하고 따라 해보라.

Tip

당신은 삽질의 달인일까, 묻기의 달인일까?

최근의 묻기 경험을 떠올려보자. 제대로 요청을 했는지, 아니면 무익한 삽질에 매달렸는지 판단해보는 것이다. 삽질의 판단 근거는 다음과 같다.

* 중요하지 않고 관련도 없는 정보를 조사한다.
* 완벽한 순간을 하염없이 기다린다.
* 너무 많이 준비하다가 지쳐버린다.
* 남들이 나를 어떻게 생각할지 괜한 걱정을 거듭한다.
* 원치 않는 결과나 장애물 등을 자꾸만 떠올린다.
* 근거 없는 핑계로 거절당할 마음의 준비를 한다.

묻기는 나를 드러내는 것과 같다

묻기의 달인은 남들 눈에 어떻게 보이는지도 고려한다. 누군가를 처음 만날 때 무엇이 첫인상을 결정할까? 얼마나 옷을 잘 입었는지,

머리 스타일이 어떤지는 첫인상에 그리 중요하지 않다. 확신과 신뢰, 친밀감을 느끼게 하는 것이 중요하다. 묻기의 달인들은 자신의 첫인상이 어때야 하는지 정확히 알고 있다. 수년 동안 경험을 쌓은 덕분이다. 달인들은 언제 조심스러워야 하는지, 언제 나서서 대화를 이끌어야 하는지 잘 판단한다. 어리고 경험 없는 사람으로 보인 경우 이를 바로잡아야 할지 아니면 이용해야 할지도 안다. 친밀감을 주기 위해 상대가 편하게 느끼도록 의식적으로 노력한다.

친밀감은 세련된 복장이나 말끔한 외모를 넘어서는 장점이다. 친밀감을 주는 사람의 특징은 다음과 같다.

* 자연스러운 미소와 시선
* 힘 있는 악수와 예의 바른 자세
* 상대가 편하게 말하도록 유도하는 태도
* 주의를 집중시키는 발표 방식
* 긍정적인 몸짓 언어
* 정확한 문법과 발음
* 이메일과 전화 등 소통 채널에서의 시의적절한 답변

노나의 사례

변호사인 노나는 새로운 고객과 첫 면담 약속을 잡았다. 회사 사장이라는 스미스 씨가 도착했을 때 노나는 "안녕하세요, 스미스 사장님? 저는 노나라고 합니다. 회의실로 가실까요"라고 다정하게 인사했다. 스미스 사장은 당황한 표정으로 노나를 보면서 "고용 문제 전문 변호사를 만나러 왔습니다만?" 하고 되물었다. 그녀가 웃으면서 "제가 바로 그 변호사입니다"라고 대답했는데도 스미스 사장은 굳은 표정으로 "아가씨, 난 진지한 상담을 하러 왔어요. 경험 많은 변호사를 만나고 싶소"라고 잘라 말했다.

노나는 여러 문화적 편견에 부딪치고 말았다. 일단 남성의 영역이라 여겨지는 분야에서 일하는 젊은 여성인데다가 가벼운 자기소개로 신뢰감을 얻지 못한 것이다. 그녀는 상대는 공식 직함으로 부르면서 자신은 성을 뺀 이름으로만 소개하는 실수를 했다. 이를 바탕으로 스미스 사장은 노나가 필요한 지식이나 경험을 갖추지 못했다고 판단했다.

문제 상황에 당면한 노나는 예의를 잃지 않으면서도 단호한 모습을 보였다. "저는 6년 동안 경험을 쌓은 변호사입니다. 저희 법무 법인에서 고용 문제에 관해 저보다 전문가는 없습니다. 물론 나이가 더 많은 변호사들은 있습니다. 원하신다면 저보다 스무 살 더 많은 분을 연결해드리겠습니다. 몇 개월 전에 시험을 통과했고 고용법 전문은 아닌 분이지요. 자, 오늘 누구와 상담하시겠습니까?"

스미스 사장은 현명하게도 노나를 선택했다. 그리고 노나는 첫인상과 관련해 중요한 교훈을 배웠다. 첫인상은 30초 이내에 결정된다. 그러니 좋은 첫인상을 주려면 30초 이상 투자해야 한다.

조의 사례

건설 회사에 근무하는 조 솔린스키는 잠재 고객을 실제 고객으로 만드는 데 선수다. “첫인상이 중요합니다. 저희 회사의 20년 경험과 전문성을 설명해드리면 고객은 충분히 믿고 일을 맡기겠다는 판단을 하게 되죠.” 조는 복잡한 상황을 쉬운 말로 바꿔 공학 비전공자 기업인들에게 전달한다. 유머로 분위기를 바꾸는 데도 재능이 있다. 그는 어려운 건설 문제를 창의적으로 해결한 사례를 고객에게 사진으로 보여주기도 한다.

보디빌딩과 악기 연주도 상당한 수준인 조는 자기 겉모습이 보수적인 시선에 맞지 않는다는 점을 알고 있다. “머리도 길고 컨설팅 회사 사장처럼 보이지는 않죠. 하지만 바꿀 생각은 없습니다. 고객에게 최고의 모습이 되려면 일단 저 자신이 되어야 한다고 생각하거든요. 그래서인지 첫 만남에서 제일 완고하고 부정적이었던 분이 오히려 평생 고객이 되는 일이 많습니다.”

위의 두 사례처럼 남들의 편견이 예상되는 상황이라면 전략적으로 자신을 부각시켜야 한다.

05

상대가 내 질문에 **귀를 기울이게** 하려면

영리하게 묻기 전에 필요한 것들

자신의 강점 파악하기

질문이나 요청을 강력하게 만드는 첫 번째 방법은 자신의 장점을 잘 알고 이를 활용하는 것이다. 우리는 우리 자신이 타고난 능력과 재능을 과소평가하는 경향이 있다. 친근감을 주고 다가가기 쉬운 유형이라 해도 이 자체를 재능이나 강점으로는 보지 않는 것이다. 복잡한 공식이나 숫자를 잘 이해하는 능력을 갖고 있으면서 발표 기술이 떨어진다고 아쉬워하기도 한다. 반면 뭐든 조금씩 잘하는 특성은 과대평가되곤 한다. 잘하는 일에서 전문가가 되는 것이 가장 큰 성공이다. 강점을 찾아 발전시키는 데 집중하자.

자신의 강점 활용하기

강점 두 가지를 찾아 남들과 대화할 때 최소 세 차례 이상 발휘해 보라. 다음 빈 칸을 채우는 것부터 시작하자.

예: 내 일은 논리적으로 사고하는 일과 품질을 확인하는 일이다.

* 내 일은 ____________과 ____________이다.
* 내가 진심으로 즐기는 일은 ____________과 ____________이다.
* 사람들이 내게 의존하는 일은 ____________과 ____________이다.

자신의 강점 받아들이기

당신이 미처 몰랐던 재능을 누군가 말해준 적이 있는가? 예를 들어 자신 있는 모습이 좋다거나 조직적으로 일한다는 칭찬을 들은 적은? 그 칭찬에 어떻게 반응했는가? 고맙다고 인사했는가, 아니면 속으로 잘못된 생각이라 여겼는가? 당신은 어쩌면 바로 그 칭찬을 받아 마땅한 다른 누군가, 예를 들면 언니나 형을 떠올렸을지도 모른다. 하지만 칭찬해준 사람은 당신의 언니나 형을 모른다. 그 평가는 그 사람만의 공동체 경험에 기반하고 있다. 당신을 칭찬해준 사람은 당신만을 알 뿐이다.

당신이 갖고 있는 어떤 강점을 누군가 알아봐주었다면 사실로 받아들여라. 그 강점을 지닌 사람들을 관찰하며 모범으로 삼고 그 사람들이 묻고 대답할 때 어떤 말을 쓰는지 살펴보라. "이 상황에서 그들은 어떻게 물었을까?"라고 자문하고 바로 그렇게 질문을 던져보는 것이다. 누군가 당신의 재능과 특성을 일러주었다면 정말로 그럴 가능성이 크다. 그 재능을 강화하고 발전시킬 방법을 찾아라.

Tip

자신의 강점과 재능 파악하기

아래의 특성과 자질 목록을 훑어보고 당신의 강점과 재능이 어디에 해당하는지 체크해보자.

- □ 변화에 적응한다.
- □ 분석한다.
- □ 코치한다.
- □ 소통한다.
- □ 남들과 친밀한 관계를 맺는다.
- □ 팀에 기여한다.
- □ 창의적이다.
- □ 설명을 잘한다.
- □ 토론을 잘 진행한다.
- □ 남에게 영향을 미친다.
- □ 제안을 한다.
- □ 혁신적이다.
- □ 리드한다.
- □ 경청한다.
- □ 결정을 내린다.
- □ 프로젝트를 관리한다.
- □ 위험을 관리한다.
- □ 협상한다.
- □ 발표를 한다.
- □ 갈등을 해결한다.
- □ 목표와 전략을 설정한다.
- □ 문제를 해결한다.
- □ 체제를 유지한다.
- □ 상황을 진단한다.
- □ 기술적 문제를 이해한다.
- □ 기타

내가 가진 개성의 긍정적인 면을 발견하기

부끄러워 감추고만 싶은 특징이 있는가? 그 행동을 바꾸거나 없애기 전에 잠깐 멈춰 생각해보라. 어릴 때 대수롭지 않게 여겼던 행동이 더 나이든 후에 귀중한 강점이 되는 경우가 많기 때문이다. 골목

대장은 훗날 중요한 의사 결정을 내리는 리더가 되곤 한다. 학급의 유머 담당은 언변 좋은 마케팅 전문가로 성장한다. 툭하면 눈물을 흘리던 아이는 화난 고객이나 재난 희생자들에게 공감하며 꼭 필요한 도움을 주는 어른이 될 수 있다. 집 안에 있는 물건을 다 분해해 작동 원리를 확인하던 아이가 엔지니어나 경영 전략가로 자라나기도 한다.

Tip

첫인상 강화하기

당신을 표현하는 단어들 중에서 긍정적이지 않는 것이 있는가? 그럼 강력한 형태로 업그레이드하고 다시 맞춰 넣을 수 있다. 다음은 몇 가지 예다.

개발되지 않은 행동	업그레이드된 강점
다정함	친절하고 친밀함
수다스러움	의사소통의 달인
수줍음	경청하고 배려가 많음
공격적임	단호하고 용감함
지배적임	결단력 있는 리더
소심함	분석적이고 치밀함
과민함	직관력이 좋음

자신의 특징을 부정하는 대신 그 자질에 어떻게 적응하여 유익하게 활용할 것인지 생각하라. 그 특징이 효과를 발휘하는 상황은 언제인가? 그 특징을 대단한 강점으로 만들기 위한 훈련 방법은 무엇인

가? 비슷한 특징을 긍정적으로 활용하는 이들을 관찰하고 그 특징의 긍정적인 면을 분석하라. 마음에 안 드는 특징을 업그레이드하고 물을 때 그 특징을 동원하라. 나름의 강점을 갖고 있다면 자신감을 느낄 수 있을 것이다.

리젤의 사례

리젤은 자신이 회사 동료들에 비해 꼼꼼함이 떨어진다는 점을 알고 있다. 인간관계를 맺고 대화하는 능력은 뛰어난데 여기에 중요한 의미를 두지 않는다. 하지만 사내에서 고객과의 관계 형성에 대해 토론이 벌어졌을 때 그 인식이 바뀌었다. 리젤은 회사가 추진하려는 방식이 효과를 거두지 못하리라는 점을 즉각 알아차렸다. "뉴스레터를 보내봤자 스팸 메일로 버려질 게 뻔해요. 잠재 고객과 연결되는 다른 방법을 찾는 게 어떨까요?" 이어 리젤은 다섯 가지 아이디어를 제시했다. 몇 주 후 리젤은 이사진으로부터 "관계 형성과 소통에는 리젤이 전문가"라는 말을 듣게 되었다.

당신에게는 남들이 소망하는 재능과 강점이 있다. 이를 제대로 발전시켜라. 당신이 무언가 물어야 할 때 힘과 자신감을 안겨줄 것이다.

06 **없던** 용기를 **만드는** 연습 전략

자신 있게 묻고 싶다면 연습하라

어디서든 자신 있게 걷는 사람들을 본 적 있을 것이다. 힘 있는 모습을 보여주며 주의를 집중시키는 능력은 시간이 흐르면서 개발될 수 있다. 그 연습을 위한 몇 가지 전략을 살펴보자.

수동적인 참석자가 아닌 능동적인 주최자인 척하기

주최자가 손님들이 환영받는다고 느끼게끔 하는 행동을 떠올려보라. 예를 들어 주최자는 손님들의 직업과 취미를 묻곤 한다. 참석자들을 소개하고 공통 화제를 끌어내어 서로 연결시킨다.

공식적으로 다가갈지, 친밀하게 다가갈지 결정하기

국가, 지역, 마을에 따라서 공식 직함이 중요한 경우가 있다. 상황을 파악하자. 잘 모르겠다면 일단 성과 이름을 모두 말하라. "저는 켈리입니다" 대신 "저는 켈리 바스케스입니다"라고 말하는 것이다. 상대가 어떻게 불리고 싶은지 직접 물어보는 것도 좋다.

발표 내용이 정말로 중요하다는 점을 스스로 확신하기

당신이 발표자로 앞에 나서는 이유는 소통하기 위해서, 그리고 청중에게 중요한 점을 이해시키기 위해서다. 자신의 외모가 모델처럼 멋지지 않다거나 목소리가 성우처럼 아름답지 않다고 걱정할 필요는 없다. 청중들이 필요한 정보를 파악하게 한다는 최우선 목표에 맞춰 사진, 이야기, 슬라이드, 기타 소품을 준비하라.

회의에서 제대로 주목을 받지 못한다면 일어서서 말하기

일어서면 목소리에 힘이 들어가고 에너지도 올라간다. 모두 앉아 있을 때 혼자 일어선 사람을 주목하지 않기는 힘들다. 가능하다면 화이트보드나 차트 앞으로 걸어가 요점을 시각적으로 제시하라. 이렇게 하면 왜 굳이 일어섰는지 설명되고 공격적으로 보일 위험이 줄어든다.

리나의 사례

리나는 팀 월례회의를 싫어한다. 뾰족한 안건도 없이 목소리 큰 사람들만 나서는 상황이기 때문이다. 모두가 머리 회전이 빠르고 입담이 센 것도 부담스럽다. 자신만 둔하고 멍청하다는 느낌이 든다. 그런데 오늘 리나는 중요한 안건을 내놓아야 하는 입장이다. 그래서 리나는 대화가 좀 잦아들기를 기다렸다가 벌떡 일어나 "퇴역 군인을 추가 채용한다는 소식 들으셨나요? 이렇게 되면 우리의 기존 계약, 채용 전략, 활동 목표에 영향이 있을 것입니다"라고 말했다. 일단 그렇게 집중을 끌어낸 리나는 관련 자료를 나눠주고 논의를 시작할 수 있었다.

가장 힘 있는 사람의 몸짓을 흉내 내기

이런 사람은 똑바로 서서 사람들과 분명하게 시선을 맞추고 몸짓으로 핵심을 전달한다. 아마 다리도 어깨 넓이로 벌렸을 것이다. 이 사람은 얼굴에 늘 미소를 띠고 공감할 경우에는 고개를 끄덕인다.

상대에게 먼저 질문 던지기

의사 결정의 최상위에 있는 사람은 여러 질문을 던져 상황을 파악하고 해야 할 일을 결정한다. 정보가 부족한 상태도, 시간을 낭비하는 일도 만들지 않는다. 그러니 당신도 질문을 던져야 한다.

제대로 질문하기 위한 연습 전략

잘 물어보는 능력은 신뢰를 구축하는 최고의 방법 중 하나이다. 어떻게 물어봐야 할지 모르겠다면 다음 전략을 통해 돌파구를 찾아볼 수 있다.

아이에게 조언 구하기

어떻게 물어야 할지 도저히 모르겠다면 어린아이, 혹은 십대 청소년과 이야기해보는 것도 방법이다. 그들이 던지는 질문과 적절한 조언에 놀라게 될 것이다. 더 나아가 자신의 질문과 요청을 기본적인 요소들로 단순화하는 활동은 이후의 의사소통에 도움이 된다.

이사회를 상상하기

당신이 묻는 주제에 관한 전문가들을 모았다고 상상해보자. 직원관리와 관련해 도움이 필요하다면 최고의 리더들이 당신 상황에서 어떻게 할지 생각하자. 재정 문제가 있다면 최고의 금융 전문가가 어떤 질문을 던질지 떠올려라. 그리고 언제든 활용할 수 있도록 이들 전문가들을 마음속에 잘 간직해두어라.

조언을 하기

당신이 조언가나 상담가로 문제를 해결한다고 생각해보자. 그러면 그 질문은 더 이상 당신에 대한 것이 아니게 된다. 당면한 문제 자체에 더 잘 파고들 수 있게 되는 것이다.

이미 질문을 던진 척하기

당신의 생각과 신체의 느낌에 주의를 기울여라. 후회나 걱정을 느낀다면 아직 준비가 안 된 셈이다. 편안하고 이완된 느낌이라면 제대로 준비가 되었다는 신호다.

실패할 수 없는 상황이라면 묻기로 결정하기

핵심에서 벗어나도록 하는 요소들을 검토하라. 그리고 "이 주변 요소를 어떻게 언급할 것이며 이것들이 나타날 가능성은 얼마나 있는가?"라는 질문을 스스로에게 던져보자.

이러한 통찰과 약간의 연습, 그리고 집중력이 더해진다면 무엇을 묻든 자신감을 느낄 수 있을 것이다. 상대가 존중하는 태도로 귀 기울여 듣도록 만들 가능성도 높아진다. 더 좋은 결과를 얻고 원하는 것을 더 많이 얻어내기 위해 당신의 첫인상을 점검하고 요청의 달인들과 자신을 비교해보라.

Change Up

묻도록 독려하기

당신이 이끄는 사람들에게 55쪽 강점과 재능 목록 중 다섯 가지 정도를 선택하도록 하고 당신의 선택과 그들의 선택을 비교해본 뒤 선택의 이유에 대해 토론하고 질문을 던져라.

* 이 강점을 어떻게 개발할 수 있을까?
* 직장에서 이 강점을 더 많이 사용할 수 있는 업무나 분야는?
* 당신이 해줘야 하는 지원이 있다면?
* 더 효과적인 묻기를 위해 이 강점을 사용할 방법은?

과감한 요약

* 과감하게 묻기 위한 첫 단계는 자신 있는 겉모습이다.
* 다른 사람들을 관찰해 첫인상을 기록하자.
* 사람들이 당신을 어떻게 생각하는지 살펴보자.
* 친밀한 사람이 되도록 노력하자.
* 자신감을 가지려면 자신의 강점과 재능을 알아야 한다. 강점을 명확히 하는 것은 잘난 체가 아니다. 원하는 것을 요청하는 일이 욕심이 아니듯이 말이다.
* 과감함은 용기다. 묻기는 용감한 행동이다. 과거의 실수 때문에, 혹은 대답을 알 수 없어서 느끼는 두려움을 헤치고 나아가자.

현명한 질문

* 내가 잘하는 것은 무엇인가?
* 첫인상이 좋은 사람들에게서 내가 주목하는 부분은?
* 어떻게 하면 더 친밀한 느낌을 줄 수 있을까?
* 내가 받아들이거나 다시 맞춰내어야 할 강점을 꼽는다면?

질문 목록

* 자신의 강점과 재능을 파악하기 위해 도움을 청하자
* 이 장에 제시된 강점과 재능 목록을 세 사람에게 전달하자.
* 목록에서 당신에게 해당하는 것을 다섯 개씩 골라 보내달라고 부탁하자.
* 자신감 전달 전략 및 용기 키우기 전략을 연습하자.

Ask

나는 무엇을 원하는가? 정말로 원하는가? 요청하여 얻고자 하는 결과를 명확히 하라. 당신이 생각하는 충분한 결과가 어떤 것인지, 혹시 타협해야 한다면 어느 선까지 받아들일 수 있는지 파악하라. 또, 목표를 정의할 때는 원하는 결과에 얼마나 근접했는지 보아야 한다. 얻고자 하는 결과를 명확히 해두지 않으면 요청을 그만두어야 할지 아니면 계속해야 할지 판단하지 못한 채 허우적거리게 된다.

Ask

2부

30%, "Yes"를 이끌어내는 질문의 기술

07 **물어보기 전에** 자신에게 **먼저** 질문하라

힘 있게, 과감하게 질문하고 요청하기 위해서는 원하는 바를 명확히 해야 한다. 사람들은 모두 바쁘고 자기들의 문제에 골몰해 있다. 당신을 위해 나서서 원하는 바를 물어봐줄 사람은 당신 자신뿐이다. 힌트만 주어서는 안 된다. 누군가 당신의 노력을 알아주기를 기대하지도 말라. 신호를 보내면 남들이 알아서 암호를 해독하고 숨은 메시지를 파악하겠거니 여겨서는 안 된다는 것이다.

남들과의 의사소통에 제대로 관심을 집중하고 당신의 요청과 그에 대한 응답 상황을 지켜보라. 획기적인 성과를 얻어내기 위해 다음 두 가지만큼 중요한 것은 없다.

* 정말로 원하는 것을 요청하기

* 그것을 얻는 데 도움이 되는 사람에게 초점을 맞추기

원하는 결과를 얻으려면 무엇을 원하는지 알아야 한다

정말로 원하는 것에 초점 맞추기

당신은 바쁜 사람이고 당신의 시간은 소중하다. 어째서 노력을 낭비하는가? 무엇을 왜 원하는지 미리 생각하라. 생각이 명확히 정리되면 목표를 전달하고 달성할 능력도 커진다. 크든 작든 요청하기 전에 자신에게 먼저 다음 질문을 던져라.

* 나는 무엇을 원하는가?
* 그 이유는 무엇인가?
* 이 일은 내 시간과 노력을 들일 만큼 가치가 있는가?
* 내가 원하는 결과는 적절하고 가능한가?

나는 무엇을 원하는가? 정말로 원하는가? 요청하여 얻고자 하는 결과를 명확히 하라. 당신이 생각하는 충분한 결과가 어떤 것인지, 혹시 타협해야 한다면 어느 선까지 받아들일 수 있는지 파악하라. 또, 목표를 정의할 때는 원하는 결과에 얼마나 근접했는지 보아야 한다. 얻고자 하는 결과를 명확히 해두지 않으면 요청을 그만두어야 할지

아니면 계속해야 할지 판단하지 못한 채 그저 허우적거리게 된다.

Tip

앞길을 가로막는 질문들

스스로에게 관심을 너무 집중한 탓에 결과를 망쳐버리는 일이 있다. 터무니없는 생각에 사로잡히지 말라. 다음과 같은 질문을 스스로에게 던져본 적이 있는가?

* 내가 그렇게 대단한 걸 요청해도 될까?
* 실수를 저지르거나 상황이 나빠지면 어쩌지?
* 그냥 기다려야 하는 게 아닐까?
* 바보처럼 보이면 어떡하지?
* 안 된다는 답변이 나오면 내 평판이 나빠질까?
* 다른 사람이 대신 요청하도록 하는 것이 좋을까?
* 다른 사람(엄마, 아빠, 형제, 자매, 아이, 배우자, 이웃, 상사, 친구, 동료, 직원, 돌아가신 대단한 삼촌)은 이번 요청에 대해 뭐라고 할까?

이상의 질문들은 불필요한 장애물이 되어 더 나은 결과로 가는 길을 가로막고 만다. 그러니 당장 그만두어라.

계속해야 할 때를 몰랐기 때문에 사라져버린 기회가 너무도 많다. 자신의 요청이 과다하거나 극단적이라고 여겨질 때 사람들은 자기 검열을 하게 된다. 취약한 입장에 서기 싫어서, 결과를 감당할 수 없어서 아예 요청하지 않는 경우도 있다. 계획하거나 상상했던 수준을 넘어서는 기회라면 그 앞에서 멈추거나 한계를 그어버리는 것이다.

'이 사람은 절대 이 요청을 들어주지 못해'라거나 '나라면 이런 걸 아무한테도 주지 않을 거야'라는 생각으로 자신을 막아서지 말자. 이러한 자기 검열은 가능했던 일도 불가능하게 만들어버린다.

자신을 넘어서기

십대 시절을 떠올려보라. 부모님은 "세상이 너를 중심으로 돌아가지는 않아. 네가 최고는 아니야"라고 말씀하시곤 했다. 돌이켜보면 옳은 말씀이었다.

공인 마스터 코치인 수잔 리빙스턴Suzanne Livingston은 정말로 원하는 것을 요청하지 못하고 무의식적으로 물러서는 사람들이 많으며 '인상 관리impression management'가 장애물이 되기도 한다고 지적한다. '인상 관리'에 대한 리빙스턴의 설명을 보자.

"우리는 어린 시절부터 양육자, 권위자, 공동체로부터 올바르게 행동한다는 평가를 받는 것이 우리 자신이 원하는 것보다 훨씬 중요하다고 배워왔다. 그리하여 어른이 되고 나면 인상 관리가 무의식적, 자동적 활동으로 자리 잡아 인식하기조차 어려워진다."

아무리 많은 시간과 돈, 노력을 쏟아부어도 자신을 충분히 개선할 수는 없다. 좋은 외모와 목소리를 갖기 위해 재산을 털어 넣는 것도 한계가 있다. 전문성을 키우고 경험을 축적하는 것, 어떤 반대와 거부에도 대처할 수 있도록 준비하는 것도 마찬가지다. 완벽해지려는 노력이 항상 원하는 결과를 얻게끔 도와주지는 않는다.

물을 때 상대가 당신을 어떻게 인식할지 신경 쓰이는가? 하지만 이미지 관리에 헛되이 쏟아부을 시간은 없다. 그보다는 그 요청이 상대에게 미칠 영향에 초점을 맞추어야 한다.

묻기를 준비하기

정말로 원하는 것을 묻는 데 초점을 맞추어라. 결과를 추측하지도, 당신이 어떻게 보일지 걱정하지도 말라. 그런데 제대로 묻고 있다는 것은 어떻게 알 수 있을까?

* 과거에 성공적이었던 방법이 무엇인지 생각해보고 동일한 접근법을 다시 활용할 수 있을지 고려하라.
* 동료, 상사, 친구, 가족에게 비슷한 상황에서 무엇을 어떻게 묻고 요청했는지 물어보라.
* 상대가 가치를 인정할 만한 무엇을 줄 수 있을지 자문해보라. 상대적으로 쉽고 비싸지 않은 것들을 생각해보라.
* 상대방이 상대적으로 쉽고 비싸지 않게 줄 수 있는 무엇을 요구하면 좋을지 생각해보라.

묻기에 이름 붙이기

요청에 이름을 붙이면 당신이라는 개인과 요청이 분리되어 보다 객관적인 사고가 가능해진다. 예를 들어 '휴가 신청'이나 '캘리포니아 연수 참석 신청' 같은 이름을 붙였다고 하자. 요청이 거절당했다

해도 그건 당신이라는 인간에 대한 거부가 아니다. 특정 일자의 특정 활동이 거절당한 것에 불과하다.

> **Tip**
>
> ***묻기에 집중하라***
>
> 원하는 결과를 쓰거나 말해봄으로써 더 잘 집중할 수 있다. 목표에 일단 도달하고 나면 잠시 숨을 돌리면서 편안함을 느끼거나 결과를 즐길 수 있을 것이다. 아래 빈칸을 채워보자.
>
> 내 과감한 묻기는 ________________________________ 이다.
> (예: 그동안의 노력을 고려한 승진, 특정 직원이 제시간에 출근해 업무하도록 하는 것, 십대 자녀의 귀가 시간 준수 등)
>
> 이 목표의 이유는 다음과 같다.
>
> ____
>
> 묻기의 결과는 ___________ 쯤에 얻어질 것이다.

정당한 이유 대기

과감하게 묻기 조사 연구에 따르면 우리는 남을 불편하게 만들까봐 걱정한다. 사람들이 제일 꺼리는 요청이 무엇인지 아는가? 압도적으로 많은 응답자들이 선택한 것이 바로 '끼어들기 요청'이었다. 응답자 중 무려 52퍼센트가 줄 서서 기다릴 때 앞사람에게 자신이 먼저 가도 될지 절대로 묻지 않는다고 답했다. 끼어들기 요청을 하느니 차라리 돈을 빌리는 편을 택하겠다고 할 정도였다.

하지만 마트에서 카트 가득 물건을 담은 사람은 한두 가지만 구입하는 사람에게 얼마든지 계산 순서를 양보할 수 있다. 이유를 댄다면 사람들이 더욱 기꺼이 순서를 양보한다는 연구 결과도 있다.

묻기를 정당한 이유로 뒷받침하라. 물론 묻는 것만으로 충분한 경우도 많다. 하지만 목표 달성의 이유를 말한다면 기꺼이 도와주려는 사람들이 놀랄 정도로 많아진다.

어렸을 때 '고맙습니다'라는 말이 지닌 마법 같은 효과를 배웠을 것이다. 묻기에 있어 '고맙습니다'처럼 마법 같은 효과를 발휘하는 말은 바로 '왜냐하면'이다. 부탁한 후 '왜냐하면'을 덧붙이면 긍정적인 답변을 얻을 확률이 대폭 올라간다는 연구도 있다. 복사 대기 줄에 끼어들며 그냥 양보해달라고만 했을 때는 성공 확률이 60퍼센트에 불과했지만 '왜냐하면'을 덧붙이자 성공 확률은 94퍼센트로 높아졌다.

'왜냐하면' 다음에 따라오는 이유는 중요하지 않았다. '제가 좀 급해서요'든 '제가 복사를 해야 해서요'든 끼어들기의 성공 확률이 높아지기는 마찬가지였던 것이다. 이 실험은 1970년대에 심리학자 엘렌 랭거Ellen Langer가 최초로 실시했고 최근에는 2009년에 노던일리노이대학과 유니온칼리지의 스콧 케이Scott key와 동료들이 반복한 바 있다.

가치 있는 묻기인지 돌아보기

과감하게 물으려면 묻기를 습관으로 만들어야 한다. 하지만 모든 것이 묻기의 대상이 되어야 한다는 뜻은 아니다. 우리의 시간과 에너지는 한정되어 있다.

상대적으로 쉬운 것, 그러면서도 효과가 큰 것이 무엇인지 고려하라. 여러 차례 거절당했다면 더 이상 그 문제에 시간을 투자하지 말아야 한다. 요청이 받아들여질 확률이 낮거나 요청으로 얻는 결과가 별로 의미 없는 것이라면 다른 더 중요한 일이나 가능성이 큰 일로 관심을 돌려라.

08

사람들은
가치 있다고
생각하면
대답해준다

묻기를 세부적으로 준비하면서도 상대가 얻을 이점에 대해서는 고려하지 못하는 경우가 많다. 상대의 이해관계를 무시한다면 불필요한 장애물이 생겨난다. 묻기와 자기 입장 옹호에만 시간과 에너지를 쏟아부어야 하기 때문이다. 사람들은 자기 필요를 인식해주는 말에 더욱 귀를 기울이는 법이다.

누구나 자기 이해관계에 집중한다는 점을 명심하자. 누구든지 그렇다. '상대에게는 왜 필요한가?'라고 스스로에게 물어보고 상대가 당면할 한계를 인식하라. 아무리 설득력 있는 요청이라 해도 당신을 위해 자신의 일자리나 전문적인 능력을 손상시키려 하는 사람은 없다.

과감하게 묻기 연구에서는 도움도 안 되고 중요하지도 않은 부분에 지나치게 노력을 기울이는 이들이 많다는 점이 드러났다그림 5 참죠. 묻기 전에 자신감을 느끼는 경우로 가장 많이 선택된 것이 '세부 사항을 다 알거나 충분히 조사했을 때'였던 것이다. 이제 이 세부 사항 조사의 초점을 상대의 목표와 이유로 돌릴 필요가 있다.

Tip

상대에게 초점 돌리기

상대가 경청하게 하려면 초점을 상대에게로 돌려야 한다. 다음 질문을 통해 상대의 이해관계를 고려해보라.

* 이 요청이 상대를 더 좋은 입장으로 만드는가?
* 요청에 'Yes'라고 답하는 것이 상대에게 어떤 이득을 가져올까?
* 상대가 자기 입장이 배려받는다고 느끼도록 할 방법은 무엇인가?
* 상대의 의견을 존중한다는 점을 어떻게 보여줄 수 있을까?
* 내 이해관계뿐 아니라 상대의 이해관계까지 고려한다는 점을 확실히 알게 할 방법은 무엇인가?
* 내 입장이 충분히 유연하다는 것을 보여줄 방법은 무엇인가?

내 요청이 상대에게 어떤 가치를 줄 수 있는가?

67쪽 '정말로 원하는 것에 초점 맞추기'의 질문 목록에 답하며 당신이 원하는 바는 분명해졌다. 이제 상대가 당신 요청을 어떻게 볼지 고려할 차례다. 내 요청이 상대에게도 가치 있을지 확인하려면 입장을 바꾸어 같은 질문을 던져야 한다. 내 요청과 관련된 사람들을 모두 떠올리고 다음 질문에 답해보자.

그림 5 물으면서 자신감을 느끼는 경우

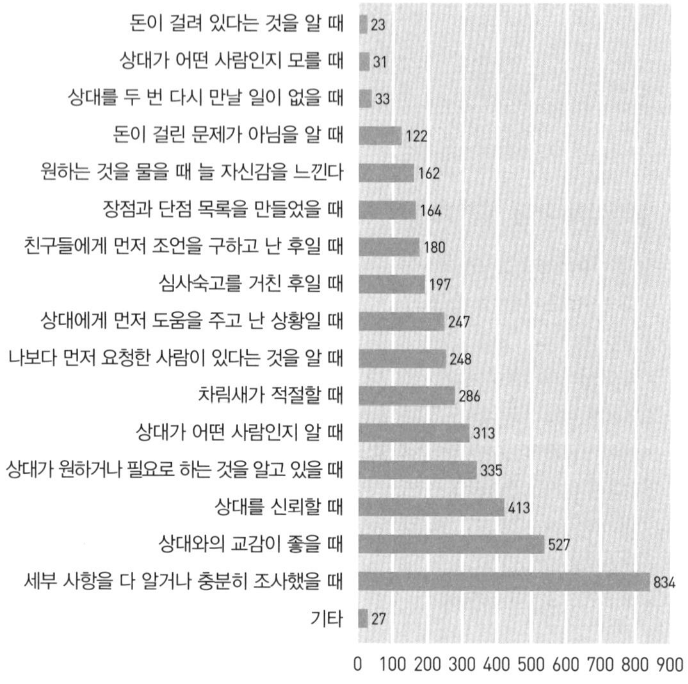

* 그들은 무엇을 원하는가?
* 그들 입장에서 합당한 이유는 무엇인가?
* 그들의 시간과 노력을 들일 만큼 가치 있는 일인가?
* 그들이 원하는 적절하고 가능한 일은 무엇인가?

이들 질문에 답하다 보면 상대가 당신을 도와야 하는 창의적이고 멋진 이유가 떠오를지도 모른다. 상대에게 당신의 요청을 받아들이

게 할 방법이 떠오르기도 한다. 상대가 시간과 노력을 들여야 할 이유가 분명하지 않다면 상대가 중시하는 가치를 직접 물어볼 수도 있다.

혹시나 하고 한 요청을 그대로 받아주는 사람들도 많다. 당신을 도와줄 나름의 이유가 있는 경우다. 들어주는 데 별 노력이 들지 않을 수도 있고, 상대는 일상적으로 해주는 일일 수도 있다. 상대가 남을 돕는 것에서 기쁨을 느끼는 사람일지도 모른다. 당신 비즈니스를 높이 살 수도, 당신을 고객으로 만들고 싶을 수도 있다. 자신이 좋아하는 누군가와 당신이 비슷하기 때문인지도 모른다.

소치타의 사례

영화감독 소치타 포에브Socheata Poeuv는 자기 가족이 크메르 루즈 학살의 생존자라는 것을 모른 채 미국에서 성장했다. 성인이 된 후 남편과 함께 가족 이야기를 담은 독립 영화 '새해의 아기New Year Baby'를 만들었는데 캄보디아 역사 부분에 넣을 애니메이션 제작자를 구해야 했다. 애니메이션 제작 비용은 수십만 달러로 신참 감독이 감당할 수 없는 수준이었다. 그런데 어느 날 관심을 보이는 애니메이션 제작자가 나타나 낮은 비용으로 일을 해주겠다고 제안했다. 알고 보니 그럴 만한 개인적인 동기가 있었다. 그 역시 학살 생존자 출신이었던 것이다.

우리의 정보에는 한계가 있다. 사람들이 왜 특정 행동을 하는지, 더 나아가 왜 그렇게 행동하고 싶어 하는지 다 알기는 어렵다. 상대가 어떻게 생각하고 느끼고 말하고 행동할 것인지에 대한 우리의 예측은 완전하지 않다. 상대에게는 저마다 나름의 이유가 있기 때문이다.

09 **대답하기** 쉽게 **질문하면** 된다

상대의 동기를 아는 것이 도움이 되기는 하지만 그걸 모른다고 해서 희망이 없는 것은 아니다. 남들이 'Yes' 혹은 'No'라고 말하는 이유는 결코 알 수 없다. 그러니 그 이유를 정확히 알아내려고 시간을 낭비하지 말자. 'Yes'를 받아냈다면 거기서 멈추고 감사한 후 앞으로 나아가면 된다. 요청을 받아준 사람이 결정을 번복할 이유를 제공하지 말아야 한다.

요청을 하는 당신의 동기가 상대방에게 곧 즉각적인 행동의 동기가 되지는 않는다. 상대의 필요와 요구는 당신의 것과 다를 수 있다. 개인적 경험을 돌이켜보면 충분히 이해할 수 있을 것이다. 상대의 이유가 논리적이든 아니든, 당신이 이해할 수 있든 없든 상대에게는 나름의 근거가 있다는 점을 인식하라.

사람들이 무엇을 가치 있게 여기는지 확인하라

남들이 원하는 가치를 고려하라. 상대가 원하는 가치를 만들어내고 동의를 이끌어내기란 생각보다 쉽다. 우리는 자신이 제공하는 제품이나 서비스 가치를 과소평가하는 경향이 있기 때문이다.

당신은 상대가 무척 귀하게 여기는 정보나 서비스를 거의 아무런 비용 없이 제공할 수 있을지도 모른다. 물건을 사용하는 데 도움을 줄 수도, 지혜를 빌려줄 수도, 새 건물 공사 기간에 잠깐 창고 공간을 내줄 수도 있다. 당신 입장에서는 아무것도 아닌 일이 상대에게는 정말 필요하고 중요한 무엇일 수 있다. 그러니 물어보자.

케리의 사례

전문가 교육 기관의 관리자인 케리는 부사장에게 자기 팀이 주관하는 교육 과정을 운영할 전문 강사의 고용 비용 지원을 요청했다. 부사장은 거의 모든 비용을 대주겠다고 약속했다. 그리하여 부서 직원 두 명은 직접 교육하는 일에서 벗어나 제출 과제를 검토하고 온라인으로 검정하는 본래의 일을 전임하게 되었다. 교육 대상자 수도 늘어났다. 케리는 "그 요청을 한 덕분에 출장 가서 시간을 쓸 필요가 없어졌어요. 정말 멋진 결과죠!"라고 말한다.

수락하기 쉽게 물어야 한다

당신에게 귀중한 물건, 서비스, 정보 역시 남들이 무료 혹은 저가에 기꺼이 제공할 수 있는 것일지도 모른다. 물어보라. 더 나은 결과를 얻으려면 상대에게도 저렴한 방법이 무엇인지 생각해보고 요청이나 제안에 그 부분을 포함시켜야 한다.

이웃이 새 아이패드를 상품으로 받았다고 하더군요. 그런데 이미 가지고 있는 아이패드도 별로 사용을 안 한다더라고요. 그래서 그럼 옛날 아이패드를 제게 줄 수 있는지 물어봤죠. 덕분에 전 제 아이패드가 생겼고 더 이상 남편과 함께 사용할 필요가 없어졌어요.

웬델의 사례

변호사 웬델 위드로는 다른 변호사와는 다르게 사건에 접근한다. 상대 측을 도와주는 것이다. 조정이 필요한 상대나 변호사와 계속 연락하면서 자기 고객의 상황을 알려준다. 의료 기록, 경찰 조서 등의 서류를 무료로 제공하기도 한다. 상대방의 시간, 노력, 비용을 절감시켜주는 것이다.

웬델은 "내 입장이 분명하다면 그걸 상대방이 쉽고 신속하게 알도록 돕지 않을 이유가 있나요? 이렇게 하면 논의를 시작할 때 상대는 이미 상황을 알고 원하는 바도 정리한 상태입니다. 거기서 합의가 안 된다면 법정으로 가면 되는 것이고요"라고 말한다.

이런 말이 있다. "손쉽게 딸 수 있는 열매를 찾아라. 굳이 사다리를 놓지 않고 손만 뻗는 편이 쉽지 않겠는가." 열심히 일한 것에 비해 보상이 터무니없이 적을 때에만 무언가 요청할 수 있다고 생각할 필요는 없다. 열심히 노력하지 않았음에도 성공을 거두었다면 그렇게 받아들이면 된다. 모든 성과가 어려운 도전이나 힘겨운 노력의 결과인 것은 아니다.

아들이 원하는 집을 찾았을 때 지나가는 말처럼 부동산 중개인에게 "나도 중개료를 받아야 하는데 애석하군요"라고 했습니다. 그랬더니 흔쾌히 "챙겨드려야지요!"라는 대답을 하더군요.

크리스의 사례

크리스 해리슨은 사우디아라비아 스타트업 기업의 대표이다. 리야드 시내에 새로운 사무실을 구하던 중 기존 임차인이 큰 사무실로 이전하는 상황이라는 것을 알게 되었다. "기존 사무실 집기를 모두 놓아두는 조건으로 5000달러를 받으면 어떻겠냐는 과감한 제안을 했습니다. 그럼 집기를 옮기거나 파는 수고 없이 개인 물품과 노트북만 들고 옮길 수 있을 테니까요. 상대는 단번에 좋다고 하더군요. 그래서 저희는 2주 후 완벽하게 꾸며진 사무실로 이사했습니다. 책상이나 의자, 프린터 등은 1년 미만의 새것이었지요. 과감하게 물어봄으로써 비용을 최소 3분의 2는 절약한 셈입니다."

남들에게 추가적인 업무를 안겨주는 것은 곤란하다. 남들이 당신 요청을 해석하도록 하지 말라. 목표와 이유를 분명하게 제시하자. 요청이 어떻게 받아들여질 것인가에 대해서는 유연성을 유지한다 해도 무엇을 왜 요청하는지 밝히는 것은 당신의 책임이다.

특별한 일을 해달라는 부탁은 대개 먹힙니다. 하지만 실현 방법을 구상해달라는 부탁은 그렇지 않더군요. 사람들은 업무 수행은 기꺼이 해주지만 독립적인 사고를 하고 계획에 책임지는 일은 하려고 하지 않습니다.

10 지시가 아닌 제안으로 물어야 한다

사람들이 당신을 옹호하고 당신의 요청을 들어주기 쉽게끔 만들라. "제 요청을 다시 전달하기 위해 필요한 정보가 무엇이지요?"라고 물어보자. 당신의 요청을 다른 이들에게 보고하거나 논의할 때 도움을 주는 것이다. 권한이 큰 사람들이라 해도 자기 결정을 정당화하려면 타당한 이유가 필요한 법이다.

서로에게 타당한 방향으로 물어라

헬렌의 사례

헬렌은 상사인 카롤리나에게 재택근무를 제안했다. "제가 일주

일에 사흘 재택근무를 하면 어떨까요? 이미 그렇게 하는 사람들이 있더군요. 집에서 일하면 아이들과 부모님을 돌보기 좋을 것 같아요." 카롤리나는 "그러라고 하고 싶지만 내가 왜 그걸 허락해야 하는지, 그게 회사에 어떤 도움이 되는지 모르겠네요. 생각을 조금 더 해보고 말해봐요"라고 대답했다.

얼마 후 헬렌은 다시 상사를 찾아갔다. "재택근무는 업무 면에서도 유익한 점이 있어요. 월요일과 화요일엔 회의에 참석하느라 책상에 앉을 틈이 없으니 사무실 근무를 하면서도 제 책상은 누구나 사용할 수 있는 공간으로 둘게요. 다른 날 재택근무를 하면 여러 지역에서 걸려오는 시간대가 다른 전화를 더 잘 받을 수 있어요. 게다가 북쪽 지역에 사는 고객사는 저희 집에서 5분 거리예요. 제가 더 자주 방문해서 신속히 문제를 해결할 수 있다는 뜻이죠. 자, 이제 재택근무를 허락하실 수 있나요?"

카롤리나가 미소를 지었다. "생각할 시간을 조금 더 주면 이렇게 장점을 찾아낼 수 있을 거라 생각했어요. 허락할게요. 이제 사장님이 재택근무 이유를 물어보시면 대답할 말이 생겼네요."

헬렌은 안전지대 밖으로 나가는 용기를 발휘했지만 요청의 근거가 충분하지 못했다. 하지만 다행히도 상사인 카롤리나가 배려해준 덕분에 업무상 적절한 요청이 될 근거를 생각해낼 수 있었다.

셸비의 사례

셸비는 부서의 프로젝트 진행이 순조롭지 않다고 판단했다. 그래서 상사에게 도움을 요청했지만 상사는 "셸비, 전에 내가 개입했을 때 별 효과가 없었어요. 부서원들을 조율하고 생산적으로 이끄는 것은 당신 업무예요. 개선 방안이나 계획을 가져온다면 얼마든지 함께 고민해보겠지만 말이죠"라고 말했다. 그다음부터 셸비는 상사에게 조언을 구할 뿐 개입은 요구하지 않게 되었다. 상사가 자기 일을 대신 해줄 수 없다는 점을 알게 된 것이다.

상대방이 제안할 수 있도록 질문하라

질문은 남들의 도움과 성과 모두를 극적으로 높이는 방법이다. 질문을 통해 사람들은 동기를 부여받는다. 답을 주는 대신 생각과 의견을 물어보는 건 어떤가? 질문을 통해 문제 해결을 독려하고 노력을 이끌어내보자. 남들이 제안을 만들어내도록 하고 그것을 뒷받침해주는 것이다.

열린 질문으로 아이디어를 끌어낸 애브라쇼프 함장

미 해군 벤폴드 함장을 지낸 마이클 애브라쇼프Michael Abrashoff는 장병들에게 일상에 대해, 성장기 경험과 미래 계획에 대해, 해군이 된 동기에 대해 물어보곤 했다. 벤폴드 함에서 맡고 있는 역할에 대해서도 질문을 던졌다. 제일 좋아하는 일은? 싫어하는 일은? 상황이 허락한다면 바꾸고 싶은 것은?

이런 묻기는 대단한 성과로 이어졌다. 1998년, 벤폴드 함은 예산의 25퍼센트를 절감했다. 애브라쇼프는 "장병들이 기존 관례에 자유롭게 질문을 던지고 더 좋은 방법을 생각하게 되자 유지비 240만 달러 중 60만 달러를, 그리고 보수비 300만 달러 중 80만 달러를 줄일 수 있었다"라고 설명한다. 해군 역사에 남는 기록이었다. "처음에는 나도 이런 결과를 믿을 수 없었지만 수치는 정확했다. 유지비와 보수비라는 가장 중요한 두 항목에서 함선의 효율성은 28퍼센트에서 100퍼센트로 뛰어올랐고 이후 계속 그 수준을 유지하고 있다."

'Yes'라고 답할 때에는 조건이나 다른 지시를 덧붙이지 말라. 예외 없는 분명한 'Yes'가 훨씬 더 큰 힘을 지닌다.

"조건이나 제약 없이 'Yes'라고 답할 기회를 찾아보세요."《직원들을 참여시키는 의사소통Communicate To Keep 'Em: Enhancing Employee Engagement Through Remarkable Communication》을 쓴 파멜라 젯Pamela Jett은 이렇게 조언한다. "조건을 붙이거나 일부 내용을 수정하지 말고 좋다고 해야 합니다. '그래, 해봐!', '멋진걸. 현실화시키자고', '굉장해. 어서 시작하지'라고 말하는 것이죠. 이런 'Yes'는 직원들을 신뢰한다는 뜻입니다." 그렇다. 맞는지 확인하려고 멈추지 말라. 그럴 때는 밀고 나가는 것이 맞다.

11 물어보는 **타이밍이** 중요하다

요청할 타이밍을 어떻게 잡고 있나? 불평꾼 취급을 받기 싫어 참고 기다리는 편인가? 입 밖으로 요청을 꺼내면 비호감이 될까 봐 걱정스러운가? 준비만 되어 있다면 요청하기 가장 좋은 때는 바로 지금일 수도 있다. 요청을 빨리 하는 것이 중요할 때도 있다. 그냥 기다리다가는 영영 기회가 날아가버리기도 하기 때문이다.

모두들 분주한 일상을 보내잖아요. 내 요청 사항을 전달하려고 시간을 뺏기가 힘들어요.

안 그래도 다들 머리가 꽉 차 있지요. 그 시간과 노력을 생각하면 제가 끼어들 여지가 없어 보이더군요.

요청하기 좋은 때는 바로 지금이다

마고의 사례

마고와 동료는 5일 동안 이어지는 회의에 참석하면서 호텔 방을 함께 쓰기로 했다. 그런데 분명히 바다 전망이라고 했던 방에 막상 들어가 보니 창밖으로 에어컨 실외기들만 보였다. 마고가 방을 바꿔달라고 요청하기 위해 전화기를 들자 동료는 "까다롭게 굴지 말자. 지금은 이 방이 제일 좋은 건가 봐. 더 나쁜 방으로 가게 되면 어떡해"라고 말렸다. 마고는 위험 부담을 감수하겠다고 대답한 후 프런트에 전화해 예약 사항과 다르다며 다른 방을 요청했다. 직원은 객실 상황을 확인한 후 전망 좋은 방으로 바꿔주었다.

폴라의 사례

내성적인 직장인 폴라는 거리를 걷다가 꽃집 앞을 지나가게 되었다. 파란 도자기에 담긴 식물이 사무실에 잘 어울릴 것 같았다. 판매 직원에게 문의하려고 했지만 바빠 보여 엄두가 나지 않았다. 그런데 기다리는 사이에 다른 남자 하나가 바로 그 식물을 집어 들고 직원에게 값을 묻더니 20달러를 지불한 후 바로 가져가버렸다. 폴라는 다른 식물을 고른 후 곧바로 지갑을 꺼내며 직원에게 다가가 말했다. "실례합니다. 이걸 구매할게요."

기다려야 할 때도 있다

때로는 아예 요청할 필요가 없는 경우도 있다. 시간이 가면서 별다른 노력 없이 저절로 해결되는 문제들이 많기 때문이다. 요청 상대가 온전히 집중할 수 있는 상태가 될 때까지 기다리는 것이 좋은 경우도 있다. 타이밍을 제대로 잡기 위해 다음 질문에 답해보라.

* '더 좋은' 시점을 기다리면 그런 때가 온다고 생각하는가? (상대가 늘 바쁘지는 않은가? 지금은 평소에 비해 더 바쁜 때인가?)
* 기다리면 긍정적인 답변을 얻어낼 가능성이 높아지는가, 낮아지는가?
* 타이밍을 알기 위해 던질 수 있는 질문은 무엇인가?
* 누군가 내게 지금 동일한 요청을 해온다면 어떻게 답할 것인가?
* 지금 묻지 않는다면 정확히 언제 물어볼 수 있을까?

네이트의 사례

네이트는 윌리엄에게 방해가 되고 싶지 않았지만 몇 가지 문제에서 그의 조언을 필요로 했다. 이전에는 네이트가 사무실 문을 두드리면 윌리엄은 한숨을 내쉬며 "지금? 조금 있다가는 안 될까? 급박한 상황이어서 말이야"라고 말하곤 했다. 하지만 이번 일은 윌리엄이 집중해서 생각해주어야 하는 일이었다. 그래서 네이트는 이렇게 부탁했다. "윌리엄, 이번 주에 우리 핵심 고객 세 사람에 관련된 문제로 미팅을 할 수 있을까? 15분만 온전히 내주면 돼. 방해 없이 이야기 나눌 수 있는 때가 언제지?"

스트레스 받으며 분주하게 일하는 사람들은 방해를 받으면 폭발하기 쉽다. 그리고 그런 경우 방해당한 사실이 문제인지, 방해한 당신이 문제인지, 혹은 다른 문제가 있는지 알기 어렵다. 상대가 왜 화내는지 이유를 밝히는 데 당신 시간을 쓰지 말고 그런 상황이 예상되면 요청을 다음 기회로 미뤄라.

통화할 타이밍은 언제일까

전화 통화 타이밍을 잡는 것도 쉽지 않다. 목소리로만 상대를 접할 때는 시각적 단서가 없기 때문이다. 지금이 방해되는 시간인지, 상대가 누구와 함께 있는지 당신은 알 수 없다. 상대의 말소리와 목소리만 주어지는 것이다. 그렇기 때문에 "통화하기 괜찮으신가요?"라고 묻는 등의 방법으로 상대에게 결정할 기회를 주어야 한다.

로저의 사례

재무 상담사인 로저는 킴이라는 신규 고객을 이메일로 소개받았다. 중요한 결정 사항이 많다고 판단한 로저는 월요일 아침 업무 시작과 함께 킴에게 전화를 걸었다. 하지만 킴은 퉁명스럽고 지친 목소리로 너무 바빠 몇 개월 동안은 통화가 어렵다고 잘라 말했다. 로저는 어리둥절해 전화를 끊었다.

킴이 그렇게 말한 이유는 아무도 모를 일이었다. 회의 중이었을 수도, 뜻밖의 전화여서 그랬을 수도, 유독 스트레스가 심했을 수도, 로저의 전화보다는 이메일을 기대했을 수도 있었다. 로저는 킴에게 짤막한 이메일을 보냈다. '바쁘신 때 전화드린 모양입니다. 6주 후에 전화드리겠습니다. 그전에 필요하시다면 연락 주십시오.' 로저는 킴을 소개해준 친구에게도 그 이메일을 전달하면서 고맙다는 인사를 했다. 로저의 이메일을 받은 킴은 전화를 걸어와 사과했고 2주 뒤에 만나자는 약속을 잡았다.

상대가 나와 언제 만나고 싶은지, 얼마나 오래 만날 수 있는지 물어보라. 약속 시간을 지키고 할 말을 잘 정리하여 준비하라. 시간 약속을 잘 지키는 사람이라는 것을 보여주면 다음번 요청을 할 때 더 유리해질 것이다.

12 시한 때문에 스스로를 몰아붙이지 말라

시한이 짧은 경우 사람들은 서둘러 결정하거나 충동적으로 행동하게 된다. 이런 상황이라면 일단 상대방에게 더 많은 시간을 줄 수 있는지 물어보라. 그리고 충분한 시간을 주지 않는 상대의 의중이 뭘지 생각해보라.

시한에 몸과 마음이 휘둘려선 안 된다

아론의 사례

아론이 회의장에 도착했을 땐 모두들 벌써 커피를 마시며 이야기를 나누는 중이었다. 아론은 시간을 착각했나 싶어 일정표를 확인했지만 늦은 것은 아니었다. 모임 대표가 프레젠테이션을 요청했고, 아론은 서둘러 컴퓨터를 연결한 뒤 발표를 시작했다. 그리고 몇 분이 흘렀을 때 누군가 끼어들어 "자, 그래서 핵심이 뭐요? 뭘 해주겠다는 거요?"라고 물었다.

호의적이지 않은 분위기를 느낀 아론은 당장 뛰쳐나가고 싶은 마음을 억눌러야 했다. 그는 말을 멈추고 질문을 던졌다. "세 가지 핵심 사항을 설명해드리는 데 5~10분이 걸릴 예정입니다. 계속 들어보시겠습니까?" 다행히 모두가 추가로 10분을 쓰자는 데 동의했고 서두르던 분위기는 존중하는 분위기로 바뀌었다.

효율적인 묻기가 시간과 자원을 절약한다

가능하지 않은 무언가를 준비하느라 시간을 낭비한 적이 있는가? 불가능한 결과를 얻기 위해 자원을 낭비하는 일은 흔히 일어난다. 몇 년이나 송사에 매달리면서도 자신이 정말 원하는 결과가 무엇인지 모르는 사람들이 있다. 법원이 내려줄 수 없는 결과를 기대하며 몇 개월 동안 소송 절차를 밟는 사람들도 있다. 이는 요청이 부적절하고 불가능한 경우다.

스미스와 웨슨의 사례

동업해 병원을 운영하던 의사 스미스와 웨슨은 소송에 앞서 조정을 시도했다. 웨슨은 자신이 옳은 이유, 그리하여 소송에서 이길 수밖에 없는 이유를 정리해 들고 왔다. 그런데 조정 담당관은 웨슨의 상세한 설명을 듣고 자료를 살펴본 후 "선생님이 원하는 것은 존경과 사과군요. 하지만 법원은 스미스 씨에게 그런 것을 강제할 수 없습니다"라고 답했다.

그제서야 웨슨은 자신이 법적인 '승리'가 무엇인지 미처 고려하지 않았다는 점을 깨달았다. 승소해 보상금을 받더라도 그건 변호사 비용으로 다 들어갈 것이었다. 웨슨은 즉시 대화의 상대를 바꾸었다. 웨슨은 스미스를 만났고 두 사람은 허심탄회한 이야기 끝에 서로 사과했다. 법원이 줄 수 없는 해결책을 스스로 찾은 것이다.

황당해 보이는 요청이 필요한 순간이 있다

뒤에 숨은 이유를 모른다면 요청이 황당하게 여겨질 수도 있다. 맥도널드가 커피를 쏟은 한 여성의 요청으로 286만 달러를 배상하게 된 사건을 들어보았는가? 무릎에 커피를 쏟은 이 79세 여성의 변호사는 왜 이런 거액을 요구했을까? 먼저 사실 관계를 살펴보자.

원고 스텔라 리벡은 신체의 17퍼센트 부분에 3도 화상을 입고 2년 동안 치료를 받았다. 8일 동안 입원했으며 피부 이식 수술도 받았다. 맥도널드 측도 커피로 화상을 입은 사람들이 수백 명에 달한다는 것을 인정했다. 그럼 배상 금액은 어떻게 계산된 것일까? 원고 측 변호사는 적정 온도의 커피 제공 의무를 명확히 하기 위해 맥도널드 커피 매출액의 하루 혹은 이틀 치를 요구했다.

록 밴드 반 헤일런Van Halen이 공연 중 무대 뒤에서 갈색 M&M 초콜릿을 불허해달라고 요청한 것은 또 어떤가? 초콜릿 색깔까지 지정하다니 얼마나 기막힌 요청인가? 하지만 반 헤일런이 이 조항을 요청한 이유는 공연 진행자들이 계약서의 다른 조항을 상세히 읽고 확인하도록 만들기 위해서였다. 초콜릿 색깔 규정을 보고 나면 무대의 하중 기준이나 안전 기준 등도 놓치지 않을 테니 말이다. 실제로 과거 하중 기준을 지키지 않은 무대가 무너져 8만 달러 상당의 장비가 손상되는 사고가 있었던 것이다.

이렇게 적절해 보이지 않는 요청을 해오는 누군가를 그냥 무시해버리기 전에 왜 그런 요청이 나왔는지 물어보자. 듣고 나면 답이 달라질지도 모른다. 묻는 입장이라면 상대가 적절하다고 판단할 만한 요청을 하라. 상대가 놀랄 수 있는 요청이라면 미리 충분한 근거를 준비해 설득할 준비를 해야 한다.

13

친절하다고 **지는 것이** 아니다

신뢰와 존중 위에 세워진 인간관계는 모두에게 유익한 결과를 안겨준다. 협상의 노력이 진실하고 공정한 해결책을 찾기 위한 창의성이 발휘된다면 남들이 당신은 미처 몰랐던 멋진 해결책을 제공해줄 수도 있다. 요청하기에 앞서 남들의 진짜 이해관계를 찾아보도록 하자.

신뢰의 중요성을 간과해선 안 된다

신뢰 요소들을 확실하게 지닌 사람은 극히 드물다. 이런 운 좋은 사람은 첫인상을 바탕으로 신속히 관계를 맺을 줄 안다. 이는 나중에

Tip

신뢰 구축하기

신뢰 요소를 강화해 남들이 나를 더 좋은 시선으로 바라보도록 할 방법이 있다. 다음 항목들을 살피고 신뢰를 쌓기 위해 실천할 두 항목을 선택해보자.

* 늘 진실을 말하고 뱉은 말은 지키기
* 영업 비밀을 지키기
* (아무도 모를 상황이라 해도) 속이지 않기
* 혼자 할 수 없을 때는 도움 청하기
* 남들에 대해 나쁜 이야기를 하지 않기
* 책임을 받아들이고 남을 비난하지 않기
* 괴롭히는 행동을 하지 않기
* 남을 이용하거나 바가지를 씌우지 않기
* 손해를 보더라도 옳은 일을 하기
* 시간을 지키기

배웠든 타고났든 간에 존재만으로도 남들을 편안하게 만드는 경우다. 한 공간에 모인 사람들이 나를 신뢰하고 존중하며 친밀하게 여긴다는 것을 확신하면서 들어서는 것은 얼마나 큰 축복인가.

묻기를 준비할 때 신뢰의 중요성을 간과하는 이들이 많다. 과감하게 묻기 연구에서는 요청을 거부한 이유로 거의 3분의 1에 달하는 이들이 '좋아하거나 신뢰하지 않는 사람이어서'를 꼽았다38쪽 참조.

당신은 천성적으로 만나는 사람을 다 신뢰하는 유형인가? 아마 아닐 것이다. 새로운 상대는 신뢰할 만하다고 판단되기 전까지는 편안함이나 안정감을 주지 못한다. 남들이 당신을 신뢰하지 못한다면 끔찍한 상황이다. 당신이 내린 결정은 받아들여지지 않을 것이다. 직장에서 과도한 간섭을 받고 중요한 논의에서 배제되기도 할 것이다. 예의 바르게 요청해도 필요한 정보를 제공하지 않을 수도 있다.

매너가 묻기의 태도를 완성한다

예의범절이 중요하다는 부모님의 말씀은 옳다. 우리 연구에서는 응답자들의 3분의 1이 무례하거나 예의 없는 상대의 요청을 거절한다고 답했다. 예의는 기본적인 소양이지만 여전히 예의를 지키지 않는 이들이 많다. 예의 바른 사람들이 더 보상받는 이유는 다음과 같다.

* 감정을 조절할 수 있음을 보여주기 때문에
* 어떻게 대접받고 싶은지 보여주는 사례여서
* 자기가 했던 말에 반하는 일이 없어서
* 남들을 기분 좋게 자극하기 때문에
* 남들이 인간으로 대접받는다고 느끼기에
* 예의 없는 이들과 차별화되기 때문에
* 잘 배우고 자랐음을 보여주기 때문에

《최고의 예의를 갖춰라Be on Your Best Business Behavior》를 쓴 콜린 리켄바허Colleen Rickenbacher는 "전자 기기에서 고개를 들고 면대면 대화로 되돌아가 '고맙습니다' 혹은 '괜찮습니다' 같은 단순한 인사를 나눠야 한다"라고 말한다. 여기서 호혜성 규칙도 작용한다. 《설득의 심리학Influence: The Psychology of Persuasion and Pre-Suasion》의 저자 로버트 B. 치알디니Robert B. Cialdini는 "상대가 준 것을 그대로 돌려주도록 하라"고 말했다.

경청하는 자세 또한 중요하다. 묻기는 연결과 경청의 기회를 만든다. 누구나 경청받기를 원한다. 그리고 경청받는다고 느끼는 사람은 당신과 더 좋은 관계를 맺고 더 자유롭게 소통할 것이다. 상대의 말을 잘 듣고 난 후에 반응을 보여라. 미리 답변을 생각할 필요는 없다. 질문을 던지고 상대의 답변을 통해 알 수 있는 것과 알 수 없는 것을 판단하라.

좋은 경청 자세는 더 좋은 의사소통으로 이어진다. 그러면 관계는 단단해지고 대화는 더 깊어질 것이다.

친절은 약함이 아니라 강함의 표시다

시간이 좀 걸리더라도 친절한 사람으로 인정받고 나면 더 많은 신뢰와 정보, 배려를 받을 수 있다. 작가 린다 카플란 탈러Linda Kaplan

Thaler는 "브롱크스 출신으로 내가 아는 가장 강력한 한 단어는 '친절'이다"라고 말하기도 했다.

로스의 사례

로스는 관리실 임대 담당자에게 서류만 던지고 오는 대신 직접 인사를 나누었다. "대기 순서로는 한참 아래겠지만 침실 세 개짜리 집이 비면 전 언제든 들어오겠습니다"라고 상황도 설명했다. 담당자는 예의 바른 로스를 마음에 들어 했다. 다른 세입자들과는 태도가 달랐던 것이다. "기다릴 필요 없답니다. 어제 나간 집이 있거든요. 함께 가서 둘러보시죠. 다음 주에 바로 입주하실 수 있어요."

이안의 사례

이안이 타려고 했던 보스턴 행 비행기가 고장을 일으켰다. 대체 항공편을 찾기 위해 줄을 서서 기다리는 사람들 모두가 화를 주체하지 못하고 소란을 피워댔다. 마침내 이안이 항공사 직원 앞에 설 차례가 되었다. 직원은 찡그린 얼굴이었다.

이안은 "솔직히 전 비행기 여행을 자주 하는 사람이 아닙니다. 그러다 보니 어떻게 대처해야 할지 모르겠네요. 내일 보스턴 회의에 꼭 참석해야 합니다. 도와주실 수 있나요?"라고 물었다. 그러자 직원의 표정이 부드러워졌다. "짐을 맡기지 않으셨군요. 여기 탑승권이 있습니다. 30분 안에 E16 게이트로 가서 탑승하세요. 서두르

십시오. 다른 문제는 없을 겁니다." 이안이 감사 인사를 하자 직원도 "고맙습니다. 회의 잘 하시고 나중에 다시 저희 항공사를 이용해주세요"라고 답했다.

이안은 예의 바르고 친절하게 상대에게 다가간 덕분에 적립 마일리지가 많은 상위 등급 승객보다 더 좋은 대접을 받았다. 서비스 직원이 흔히 그렇듯 그 항공사 직원에게도 나름의 재량권이 있었던 것이다.

요청할 때에는 예의를 갖추고 어느 단계의 누구 앞에서든 존중하는 태도를 잃지 말라. 당장 도움을 줄 수 있는 상대를 낮춰 대할 이유가 무엇인가? 접수처 직원, 웨이터, 세탁소 직원, 택시 운전사 등은 모두 충분히 존중받아야 할 존재이다. 그리고 고객이 어떤 경험을 하게 될지는 바로 이들 전문가에게 달려 있다.

물어보기 전에 의사소통 방식을 확인하라

일반적으로 의사소통의 원칙은 상대의 메시지에 동일한 형태로 응답하는 것이다. 하지만 상황에 따라 원칙을 점검할 필요가 있다. 상대에게 어떤 형태의 의사소통을 선호하는지 물어보라.

* 이메일, 문자, 전화 통화, 직접 만남 중에 어떤 방식의 소통을 원하시나요?

* 어떻게 연락드리는 것이 제일 좋을까요?

* 싫어하시는 방식이 있나요?

* 연락이 잘 되지 않을 때는 누구를 통하면 좋을까요?

응답 시간을 줄이고 정보 공유 빈도를 높이려면 상대가 어떤 방식으로 메시지와 요청을 받고 싶은지 먼저 알고 존중해주어야 한다. 당신이 원하는 방식으로 소통해야만 하는 상황이라 해도 가능한 한 효과적인 길을 모색하자. 상대가 쉽게 답변할 수 있도록 해야 한다.

라이언의 사례

라이언은 팀원들의 무반응에 질려버렸다. 이메일을 보내면 누구 하나 답장이 없었던 것이다. 동료에게 물어보니 "문자를 보내. 그 팀은 늘 문자로 소통한다고"라는 답이 나왔다. 라이언은 반신반의하며 문자로 5분 후에 전화 회의가 시작된다고 알렸다. 5분이 지나자 팀원들이 전화 회의를 위해 모였다. 그제야 라이언은 이메일을 여러 번 보내는 것보다 단 한 번 그룹 문자를 보내는 편이 낫다는 것을 깨달았다.

혼자만 연락을 받지 못하고 있다면 기술적인 문제가 있는 것은 아닌지 확인하자. 당신과 상관없는 문제나 어떤 오해로 당신이 연락 목록에서 빠졌는지도 모른다.

브린의 사례

브린은 로라의 문자 메시지에 답을 해주지 않았다. 어떤 문자를 보내도 마찬가지였다. 로라는 아무리 생각해도 이유를 알 수 없었다. 브린의 얼굴을 보고 이야기할 기회가 생겼을 때 로라는 "왜 문자 메시지에 답을 안 주는 거야?"라고 물었다. 브린은 메시지를 받지 못했다고 하면서 전화기를 확인했다. 그랬더니 지난 며칠 동안 문자 수신이 차단된 상태였다는 것이 드러났다.

혼자만 이메일을 받지 못하는 상태라면 발신자나 다른 수신자에게 문제의 이메일을 전달해달라고 부탁하라. 의도적으로 당신을 뺀 것이 아닐 가능성이 높다. 당신 주소가 나중에 추가되었을 수도 있다. 또한 부탁할 때는 당신이 알아야 할 내용의 이메일만 전달해달라고 하는 방법도 있다. 전체 답장은 가능한 한 자제하자.

팀원들에게 내가 읽어야 할 이메일만 보내달라고 부탁했어요. 덕분에 500통의 이메일을 확인하느라 몇 시간씩 보내야 하는 일을 피하게 되었죠. 대신 팀을 이끄는 일에 더 집중할 수 있었고요. 팀원들도 여기에 만족합니다.

14 신뢰를 주는 질문은 진짜 목표를 드러내준다

우리는 질문을 통해 사안을 분류하고 예상 밖의 상황을 이해하며 언제 행동하고 무엇을 피해야 할지 알 수 있다. 좋은 질문은 정보를 제공하고 진정한 목표를 확인시켜준다.

《곧장 시작하는 코칭 방법론Quick Start Coaching Kit》의 공동 저자인 미나 브라운Mina Brown 은 상대를 정말로 알려면 "열린 질문을 하고 경청해야 한다"면서, "말해진 것과 말해지지 않은 것을 잘 들어야 한다"고 말한다. 사람들이 이유를 설명하고 답변을 논의할 때 집중하라. 들은 바를 반복하고 제대로 들었는지 확인하라.

질문을 잘하기 위해 무엇이 필요한가

'무엇'과 '어떻게' 물어보기

의미 있는 대화를 하려면 '무엇'과 '어떻게'를 묻는 코칭 기법을 활용해보라. 이런 질문은 판단을 위한 것이 아니기 때문에 풍부한 정보를 이끌어낸다. 또, 상대가 호기심을 갖고 경청하도록 만든다.

이런 열린 질문은 '예/아니오' 이상의 답변을 요구한다. 듣는 사람은 방어나 비판이 아닌, 토론에 참여하는 것을 택한다. 질문자는 방어적 답변을 배제한 채 필요한 정보를 얻을 수 있는 것이다.

* "내일 시간을 맞출 수 있다는 걸 어떻게 확신하죠?"
* "그렇게 빨리 운전하는 이유가 무엇이죠?"
* "이 서류를 어떻게 조금 더 수정할 수 있을까요?"

'왜'로 시작하는 질문 피하기

가능하다면 '왜'로 시작하는 질문은 피하라. '왜'는 해결책보다는 문제에 초점을 맞추기 때문이다. '왜'를 들은 사람들은 자기 입장을 정당화하고 방어하게 마련이다. '왜' 질문을 하지 않으면 "내가 그렇게 말했으니까!"라는 식의 대책 없는 답변도 피할 수 있다.

당신의 의견만 강요하지 않기

사람들이 도움을 요청할 때 당신의 의견만 강요하지 않도록 하라. 우선 상황을 명확히 하는 질문부터 시작하라.

* "무엇을 고려하고 있죠?"
* "스스로 생각하는 문제는 무엇이죠?"
* "어떤 도움을 받고 싶은 것이죠?"
* "그 결정이 당신한테 어떤 영향을 미치죠?"

사람들은 무엇이 최선인지 알고 있다. 답을 알면서도 대안들을 검토하고 생각한 답이 맞는지 확인받고 싶을 뿐이다. 다음 질문들을 통해 상대가 결단을 내리고 행동하도록 도와보자.

* "제대로 하고 있는 것 같네요. 이제 무엇을 할 생각이죠?"
* "대안들을 검토해보니 어떤 방향이 좋다고 여기나요?"
* "절대로 실패하면 안 될 때는 어떤 시도를 하겠어요?"
* "같은 상황에 처한 친구가 있다면 어떤 조언을 해주겠어요?"

사람들의 모든 질문에 당신 의견을 제시하고 조언을 해야 하는 것은 아니다. 설사 정말로 좋은 해결책을 알고 있다 해도 말이다. 각각의 상황마다 나름의 특징이 있다. 대부분의 경우 사람들은 필요한 지혜를 지니고 있다는 것, 그리고 스스로 선택한 해결책을 실행할 가능성이 높다는 것을 기억하라.

Tip

행동을 끌어주기 위한 질문

상대에게 조언을 해주는 대신 무엇을 해야 하는지 물어라. 대부분의 사람들은 최선의 다음 단계가 무엇인지 알고 있고 행동에 나설 채비도 되어 있다.

* "사안이 분명해졌으니 이제 어떻게 할 생각이죠?"
* "논의한 사항을 모두 고려할 때 다음 단계는 무엇일까요?"
* "이 상황에서 가장 원하는 대처 방식은 무엇이죠?"
* "이제 무엇을 하고 싶은가요? 행동에 나설 준비가 되어 있나요?"

몸짓 언어 관찰하기

남들의 말에 귀를 기울이는 데 더해 몸짓 언어를 관찰하라. 묻기는 상대의 행동을 관찰할 기회가 된다. 상대가 갑자기 자세나 몸짓, 표정을 바꾼다면 주의를 기울여라. 당신의 메시지가 어떻게 받아들여지는지 알 수 있는 신호인지도 모른다.

자신이 남들의 의도를 훤히 읽을 수 있다고 여기는가? 자만하지 말라. 상대의 머릿속에서 일어나는 일, 즉 몸짓 언어가 나오는 이유를 정확히 알기는 어렵다. 예를 들어 동의할 수 없는 말을 듣는 사람은 코를 찡그리거나 손으로 코를 만질 수 있다. 더 잘 들으려는 사람은 눈을 가늘게 뜨고 거짓말을 하는 사람은 눈을 자주 깜박거린다. 제안을 곰곰이 생각하는 사람은 턱을 만지작거린다. 하지만 알레르기나

감기 증상 때문에 동일한 몸짓 언어가 나올 수도 있다. 몸을 앞으로 구부리는 것은 대화에 대한 관심을, 뒤로 물러서는 것은 이야기에 푹 빠진 상태를 보여준다고 한다. 등이 아프거나 자세를 바꾸고 싶을 때도 같은 동작이 나온다. 팔짱 낀 자세는 대화를 끝내고 싶어 하는 닫힌 자세라고 하지만 앉아서 팔짱을 끼는 것이 편안하다고 여기는 이들도 많다.

상대의 몸짓 언어가 바뀌는 것이 보인다면 물어보라.

* "현재 상황을 어떻게 받아들이나요?"
* "이 점에 동의하나요?"
* "지금까지 논의한 내용에 대해 어떻게 생각하시나요?"
* "이 문제에 별로 공감하지 않는 것 같은데 의견을 좀 들려줄래요?"

문화권에 따라 동일한 몸짓 언어가 완전히 다른 의미를 지닌다는 점도 기억하라. 당신이 어디에 있느냐에 따라 고개 끄덕이기, 눈 맞추기, 말하면서 신체 접촉하기, 개인 간 거리, 시간 감각 등의 몸짓 언어가 뜻하는 바는 크게 달라진다. 당신 자신의 몸짓 언어에도 주의를 기울여보라. 당신의 행동 신호는 전달하는 메시지와 일치하는가?

침묵을 적절히 활용하기

물은 후에는 상대가 대답할 시간을 줘라. 생각을 정리해 말하기까지는 시간이 필요한 법이다. 침묵이 어색하다고 괜한 소리를 늘어놓지 말라. 답을 듣기 전에 질문을 취소하지도 말라. 당신은 그 문제를 생각해보았지만 상대는 완전히 처음일 수 있다. 합당한 답변을 생각할 수 있도록 기회를 주어야 한다. 침묵 속에 기다리려면 꽤 큰 의지가 필요하다. 입 다물고 기다리기 위한 몇 가지 방법을 보자. 평온한 마음으로 침묵하는 방법을 연습해둘 필요가 있다.

* 속으로 숫자를 센다.
* 상대가 생각할 시간을 주는 것이 중요하다는 점을 기억한다.
* 통화 중이라면 묵음 버튼을 눌러둔다.
* 통화 중이라면 혀를 살짝 깨물고 기다린다.
* 호흡에 집중한다. 편안하게 이완된 호흡을 한다.
* 상대방의 몸짓 언어를 관찰한다.
* 생각만큼 오래 기다리게 되지는 않으리라는 점을 기억한다.

15

질문 안에 존중을 담아야 하는 이유

상대의 말을 경청하고 기대에 부응하는 행동을 한다면 상대는 존중받는다고 느낄 것이다. 그럴수록 상대는 더 많은 정보를 제공하고 훗날 당신 편이 되어줄 가능성이 높다.

존중은 상대를 내 편으로 만들어준다

트레이의 사례

트럭 수송 업계 기술 판매 담당인 트레이는 운송 차량 소프트웨어 입찰에 참여하기로 했다. 그리고 잠재 고객에게 "이번 입찰의 목적은 무엇이죠? 어떤 문제를 해결하고 싶으신가요?"라는 질문을 던졌다. 답변은 명료했다. "법규를 준수하도록 하는 것, 그리고 운전사들이 자신이 가는 길을 늘 알 수 있도록 해주는 것, 이 두 가지를 위한 소프트웨어가 필요합니다."

경쟁사는 운송 과정 전체를 설명하며 잠재 고객이 놓친 부분이 많다고 지적했다. 하지만 트레이는 다르게 접근하기로 했다. "저희 소프트웨어가 최고 수준은 아닙니다. 가격이 가장 저렴한 것도 아니지요. 그래서 저는 고객이 한 말에 집중했습니다. 저희 소프트웨어의 아홉 가지 기능을 다 보여드리는 대신 고객이 원하는 두 가지에 초점을 맞추었죠." 이 접근법은 효과를 거두었다. 트레이는 경쟁 회사 일곱 곳을 물리치고 거래를 따냈다. 한 번의 거래액이 3개월 치 할당액을 채울 정도로 규모가 컸으므로 트레이는 단번에 최고 세일즈맨의 자리에 올랐다.

존중을 원한다면 먼저 상대를 존중하라. 귀를 기울여 들어라. 상대의 의견과 관심사를 진심으로 고려하라. 상대의 경험과 생각을 인정하고 편안함을 느끼도록 하라.

존중과 참여 원칙이 필요하다

회의 분위기가 과열될 위험이 있는 경우 사전에 자제를 요청한다면 서로 예절, 존중, 신뢰를 더 자주 보여주게 된다.

어려운 협상을 중재하고 조정하는 전문가들의 비법은 무엇일까? 참석자들 개개인이 대화를 독점하려 하고 갈등을 심화시키는 복잡한 회의를 관리하는 비법 말이다.

이들 전문가들은 우선 회의에 들어가기에 앞서서 원하는 결과와 행동을 정의해달라고 요청한다. 합의된 참여 원칙에는 다음과 같은 질문이 포함된다. 시간 준수가 중요한가? 휴대 전화를 묵음으로 해둘 것인가? 회의 내용은 대외비인가? 솔직하고 열린 대화를 약속하는가?

《명예를 걸고 그렇게 하겠습니다On My Honor, I Will》의 저자 랜디 페닝턴Randy Pennington은 노사 협상의 양측이 서로 상대가 자신의 이해관계만을 추구한다고 생각한다는 점을 지적한다. 그리고 자신은 "성공적인 협상을 위한 정보가 공유되었는지 확인하려면 어떻게 해야 할까요?"라는 질문을 던진다고 한다. 일단 기본 행동 규칙에 대한 동의가 이루어지면 협상 당사자들도 약속을 지켜 행동을 조심한다는 것이다.

이렇듯 참여 규칙 확립은 솔직한 대화, 더 나아가 열띤 논쟁까지도 안전한 환경에서 이루어지도록 한다.

세 지도자의 사례

지역 사회 활동 단체 세 곳의 지도자들이 중재자와 함께 만났다. 이들은 더 주목받고 더 많은 자원을 할당받기 위해 싸우고 경쟁했다. 결국 과거의 행동을 비난하며 손가락질하는 상황까지 시작되자 중재자가 "자, 지금부터 다른 단체를 대표하는 것으로 역할을 바꿔보죠. 자기 단체를 위한 그 열정을 상대편 단체를 위해 발휘하는 겁니다"라고 제안했다. 그러자 상황이 급변했다. 방어 논리가 사라지면서 서로를 도울 새로운 방법이 고안되었다. 더 큰 시각으로 서로의 노력을 지지하면서 원하는 성과를 얻어낼 가능성이 높아진 것이다.

《투덜대지 말고 팔아라! Stop Whinning! Start Selling!》의 저자 제프 블랙먼Jeff Blackman은 청중이 요점을 이해했는지 확인하는 나름의 방법을 갖고 있다. "이해가 되셨나요?" 혹은 "다들 뭔지 아셨죠?"라고 묻는 대신 명료한 의사소통의 책임을 자기 자신에게 부여한다. 그리하여 "제가 제대로 설명을 했나요?"라고 묻는다.

묻기에서는 어떤 말을 사용하는지가 중요하다. 요청을 들어줄 수 있는 상대와의 관계를 개선하고 신뢰를 쌓는 말이 분명히 있는데 이를 모르는 사람들이 많다. 해를 입힐 의도가 없으며 공정하게 대하겠다는 점을 어떤 말로 표현하겠는가? 어떻게 상대가 경계심을 내려놓고 당신의 요청을 들어주도록 할 것인가?

16 공정한 의도는 **좋은 질문의** 전제조건이다

요청을 하기 전에 흔히 하는 실수가 있다. 상대가 당신이나 당신의 의도를 잘 안다고 가정하는 것이다. 상대의 이해관계를 추측할 수 있다면 대화를 시작하고 관계를 맺기가 한층 쉬워진다. 당신의 요청이 정당하고 상대의 이해에 부합하는지 확인하려면 다음과 같이 물어보라.

* "단계별 계획에 대해 논의했는데 혹시 물어볼 것이 있나요?"
* "지금까지 논의한 내용을 고려할 때 제 요청은 충분한 근거를 가지나요?"

특히 신뢰와 관련된 사안은 일찍 찾아내는 것이 좋다. 당신은 좋은 의도라 해도 상대는 당신이 신뢰할 만한 사람인지 알 수 없다. 상대가 정직하거나 공정하지 않은 사람들에게 시달린 경험이 있을지도 모른다.

공정하게 몫이 돌아가도록 게임하라

당신은 남들을 속일 생각이 없다. 하지만 당신이 유리한 입장을 누릴 가능성은 존재한다. 당신은 권력의 불균형 때문에, 혹은 상대가 모르는 정보 덕분에 이익을 취할 수 있다. 다른 사람에게 상처를 주거나 사업에 지장을 주고 싶지 않다 해도 말이다.

실비아의 사례

실비아는 공급업자들에게 지불하는 비용을 최소 5퍼센트 절약하라는 임무를 부여받았다. 그래서 어느 정도 저항을 각오하고 공급업자들에게 10퍼센트 할인을 요청했다. 두 회사는 군말 없이 할인해주겠다고 했고 네 군데는 5퍼센트 할인을, 나머지 한 군데는 거절 의사를 밝혀왔다.

실비아는 공정성을 유지하고 싶었다. 10퍼센트 할인에 동의한 회사들에게 정말로 그만큼 깎고 싶지 않았던 것이다. 그 두 회사는 늘 협조적이고 서비스가 훌륭했다. 실비아는 각 회사들과 다시 접촉해 7퍼센트만 할인해달라고 요청했다. 과도하게 이익을 챙기지 않겠다는 의사를 보여준 셈이었다. 5퍼센트 할인에 동의한 회사들에게는 7퍼센트가 수용할 만한 수준으로 여겨졌다. 할인 불가라고 했던 공급업자에게는 7퍼센트 할인을 하든지, 아니면 거래 관계를 중단하든지 선택하라라고 알렸다. 이 일로 실비아는 상사에게 좋은 평가를 받았다. 그리고 추가로 얻어낸 2퍼센트 할인은 이후 한참 동안 더 이상의 할인 요청을 하지 않아도 되게끔 만들어주었다.

옆에서 관리 감독하지 않더라도 직원들이 일을 잘해줄 것 같은가? 당신이 제공한 정보를 신뢰하고 결정에 앞서 의견을 구하러 오는가? 당신이 계약서에서 실수를 저지른다면 사람들이 무어라고 할까? 괜찮다고 넘어갈까, 아니면 이미 끝난 계약이니 어쩔 수 없다고 할까? 어떤 반응이 나올지 확실히 알고 있는가?

아무도 보지 않는 상황에서도 떳떳이 행동하라

남들을 이끌고 영향을 미치는 입장이라면 특히 주의해야 할 점이다. 직원들은 당신이 하는 행동을 예의 주시한다. 남들을 어떻게 대하는지도 지켜본다. 얼마나 친절하고 믿을 만하게 행동하는지 관찰하는 것이다. 다음 사례는 신뢰에 금이 가게 하는 상황을 보여준다.

제나의 사례

제나는 회계 보고서를 검토하다가 문제를 발견했다. 그리하여 며칠을 고객 회사에서 보내며 수정 작업을 거쳤다. 하지만 상사는 제나의 추가 업무 시간을 축소시키고 자신의 업무 시간을 늘려 고객 회사에 청구할 금액을 늘렸다. 이로 인해 고객 회사는 지나치게 많은 비용을 지불해야 했지만 정작 제나는 추가 업무의 대가를 받지 못했다.

당신은 업무에서 공정한 몫을 하고 있는가? 훌륭한 팀 구성원인가? 아니라고 생각한다면 주어진 업무 외의 도움을 주어라. 예를 들면 바쁜 동료에게 걸려온 전화를 대신 받아준다든가, 복사 업무를 자청한다든가, 짬이 안 나는 동료들을 위해 프로젝트 총괄을 해주어라. 동료들에게 어떤 도움이 필요한지 물어보라.

주어진 역할이나 입장 때문에 더 많은 신뢰를 받는 이들이 있다. 종교 지도자, 의사, 법률가, 경찰관, 카운슬러, 교사, 간호사, 금융 전문가, 공무원, 소방관, 군인 등이 그렇다. 이들은 더 큰 신뢰를 받는다. 생명, 안전, 돈 등 보통 사람들이 잘 모르고 확인할 수 없는 것을 다루기 때문이다. 이러한 권력은 동시에 높은 수준의 직업 윤리를 요구한다.

신뢰를 받았던 이들이 비윤리적으로 행동해 신뢰를 깨뜨린다면 세상이 더 이상 안전하지 않다는 두려움이 생겨난다. 존경받는 지위의 사람이 남들의 이해관계를 침해하게 되면 언론에 크게 보도되는 것도 이 때문이다. 작가이자 기자, 칼럼니스트인 데이브 리버Dave Lieber는 서비스 제공자들의 배경을 신속히 확인할 필요가 있다고 주장한다. "남들이 당신을 보호할 것이라 기대하지 말라. 속임수를 알고 경계하는 것이 최선이다. 질문을 던지고 시험해보고 아니라 생각하면 냉정하게 거부해야 한다. 우리의 방어 본능이 늘 옳지는 않다고 해도 말이다."

모든 사람을 존중하라. 그리고 아무도 보지 않는 상황에서도 떳떳이 행동하라. 윤리적으로 타협해야 하는 상황이 발생하면 언론에 당신 기사가 어떻게 나올지, 법원이 당신 행동을 어떻게 판단할지 생각해보라. 또한 당신을 존중하는 사람에게 그 행동을 어떻게 알릴 것인지도 생각해보라. 신뢰를 잃으면 존중도 잃고 만다.

혹시라도 실수를 저질러 신뢰에 금이 갔다면 복구해야 한다. 워크 더 토크Walk the Talk, 언행일치 사 대표인 에릭 하비Eric Harvey는 다시 신뢰를 쌓기에 앞서 먼저 용서를 구해야 한다고 설명한다.

그 어떤 개인적, 직업적 관계에서도 신뢰가 중요하다는 점을 인정하라. 상대방에게 "저를 신뢰하지 못하게 되었다는 것을 알지만 다시 과거의 신뢰를 회복하고 싶습니다"라고 말한 후 "다시 신뢰를 회복하려는 노력을 허락해주시겠습니까?"라고 물어라. 그리고 허락을 받는다면 감사 인사를 하라. 이후 정말로 신뢰가 회복되었는지 확인하라.

기업 또한 실수가 있을 경우에는 고객들과의 신뢰를 재건해야 한다. 실수를 인정하고 용서를 구한 후 문제 해결을 위해 나서겠다고 분명히 말해야 한다. 디지털 시대의 신뢰는 실시간 메시지 전달과 상황 업데이트에 따라 좌우되기도 한다.

Change Up

묻도록 독려하기

71쪽 '묻기에 집중하라' 양식을 채운 뒤 그 요청 내용을 살펴보고 실제 연습을 해보라. 상대가 요청을 듣고 당신이 요청을 하는 식으로 역할을 바꿔보라. (역할 바꿔보기를 통해 당신이 어떻게 요청하는지, 또 거절에 어떻게 반응하는지 보여줄 수 있다.)

과감한 요약

* 당신 자신을 위해 나서서 스스로 원하는 바를 분명히 요청할 사람은 당신뿐이다. 남이 대신 해줄 것이라 기대하지 말라.
* 인상 관리에서 '남들이 나를 어떻게 생각할까?'라는 질문에 매달리면 원하는 바를 묻지 못하고 발목이 잡히고 만다. 아이일 때는 그런 불편함이 도움이 되었을지 몰라도 성인의 삶을 좌우할 수는 없음을 기억하라. 과감하게 행동하는 편이 오히려 더 안전하다. 원하는 바를 물어라.
* 요청할 때는 원하는 결과를 선명하게 해두어라. 무엇이 승리인지 알고 있어야 한다.
* 성공과 완벽은 서로 다르다. 묻기에서 목표는 성공('Yes'라는 답변)이지 완벽이 아니다. 완벽하게 묻는 데에만 매달리지 말라.
* 당신 요청에 대한 대답은 상대에게 맡겨라. 대답이 뻔하다는 생각에 묻기를 꺼려하지는 말라.
* '~라면 어쩌지'라는 생각은 피하라. 그런 생각은 묻기의 동기를 파괴한다.

현명한 질문

* 이 요청은 내게 가치가 있는가?
* 내가 정말 원하는 것은 무엇인가?
* 내 요청의 이유와 근거는?
* 내가 요청하는 바는 적절하고 가능한가?
* 요청 후에 최악의 상황이 벌어진다면 나는 어떻게 할 것인가?

질문 목록

* '왜냐하면'을 덧붙여 혼잡한 마트 계산대 줄에서 끼어들기를 요청해보라.
* 다음 주에 할 요청을 위해 71쪽 '묻기에 집중하라' 양식을 채워보라.

Ask

묻기 전에 완벽한 연습이 필요하다는 생각은 오히려 묻기를 더 어렵게 만든다. 왜냐고? 우리 자신이 완벽하지 않기 때문이다. 절대 완벽하지 못한 존재이므로 완벽하게 묻기는 불가능하고 완벽한 결과를 얻기도 불가능하다. 완벽한 묻기를 목표로 삼으면 묻기 연습을 하지 못하게 된다. 과감하게 묻기는 언제나 물으라는 의미다. 그리하여 묻기가 더 나은 결과를 가져온다는 점을 스스로 확신하라는 의미다.

3부

Ask

70%,

아직도

물어볼 용기가 없는

당신에게

필요한 것들

17

작은 것부터 **물어보는** 습관

'연습이 완벽을 만든다'라는 격언을 들어보았을 것이다. 올바른 방식으로 언제나 연습을 해야 발전할 수 있다는 뜻이다. 하지만 묻기에 완벽한 연습이 필요하다는 생각은 오히려 묻기를 더 어렵게 만든다. 왜냐고? 우리 자신이 완벽하지 않기 때문이다. 절대 완벽하지 못한 존재이므로 완벽하게 묻기는 불가능하고 완벽한 결과를 얻기도 불가능하다. 완벽한 묻기를 목표로 삼으면 묻기 연습을 하지 못하게 된다. 과감하게 묻기는 언제나 물으라는 의미다. 그리하여 묻기가 더 나은 결과를 가져온다는 점을 스스로 확신하라는 의미다.

과감한 유형이 아님에도 묻기 능력을 향상시키고 싶다면 어떻게 해야 할까? 과감해질 때까지 언제 어디서나 묻기를 연습하면 된다그림 6 참조. 안전지대 바깥으로 나와 물어보자. 특히 아는 사람 없는 곳에 가서 묻기를 연습하는 것이 좋다.

이 전략은 위험 부담을 줄여 묻기에 익숙해지도록 해준다. 과감한 묻기 과정을 경험하는 최선의 방법이기도 하다. 예를 들어 식료품점에서 주변 사람들에게 어떤 브랜드의 빵이 좋은지, 점원에게 도움이 될 만한 정보는 없는지 물어볼 수 있다.

그림 6 개인적으로 물어본 일

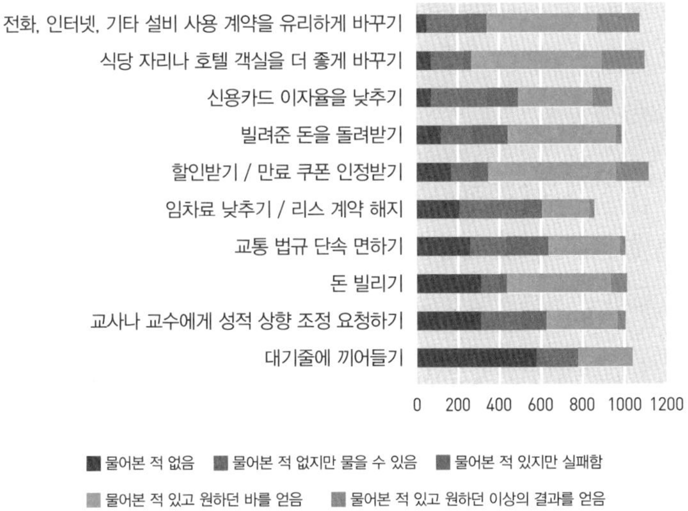

사소한 묻기부터 시작하라

식료품점에서 멈추지 말고 시장에 가보면서 다양한 연습 기회를 만들자. 결과가 어떻게 되든 상관없는 물건부터 시작해보면 어떨까?

이를테면 덤은 없는지 물어보는 것이다. 이럴 때는 좀 뻔뻔할 필요가 있다. 어느 정도가 적당한지 파악하고 그 이상을 물어보자. 추가 비용 없이 더 많이 받을 수 있는지, 추가 할인이 가능한지 물어볼 수도 있다. 굳이 필요하진 않지만 괜찮아 보이는 물건에 파격적으로 낮은 가격을 제시해보는 것도 좋은 도전이 될 것이다. 진지하게 받아들여지지 않아도 상관없지 않은가. 그 자리에 서서 미소를 지으며 정중하게 묻고 상대의 반응을 관찰해보라.

지미의 사례

사무실에서 사용할 프린터 카트리지 세 개를 사러 간 지미는 돈을 내기 전에 계산대 직원에게 웹사이트에서 가격을 확인해달라고 요청했다. 직원이 가격을 확인하는 동안 지미 뒤에 대기 줄이 늘어섰다. 최종 가격이 나오기 전에 지미는 "혹시 제가 사용할 수 있는 쿠폰이 있을까요?"라고 다시 물었다. 놀랍게도 직원이 쿠폰을 내밀었다. 지미는 카트리지 세 개 가격을 정확히 계산한 후 할인을 적용받고 카트리지에 딸려오는 무료 인화지 선물까지 챙겨 가게를 나설 수 있었다.

사소한 묻기가 큰 묻기가 되고 이것이 다시 과감한 묻기가 된다. 자신이 점점 더 과감하게 묻는 모습을 관찰하라. 그러면 다음부터는 금융 상품을 선택할 때 두려움 없이 물을 수 있고 주택을 구입할 때 비용을 절약할 수도 있을 것이다. 다음에는 사무실 건물을 임대하면서 과감한 묻기를 실행할 수 있을지도 모른다.

낯선 이는 최고의 연습 상대다

낯선 이는 두렵고 불안한 존재라는 부모님 말씀은 잊어버려라. 물어보기 연습을 할 때 낯선 이는 가장 완벽한 상대다. 두 번 다시 만날 일이 없기 때문이다. 낯선 이는 당신에 대한 어떤 선입견도 없다. 공공장소에서 만난 인상이 괜찮은 상대라면 얼마든지 당신의 발전에 기여해줄 것이다. 남에게 기꺼이 조언하거나 의견을 주는 이들이 많다. 그러니 물어보라.

벼룩시장에 참여해 사람들의 묻기 행동을 관찰하는 것도 방법이다. 물건을 사고팔면서 뭔가를 과감하게 물어보는 이들이 몇 명이나 되는지 보아라. 묻기의 달인들에게서 비결을 찾아보는 것이다.

일상적으로 만나는 호텔 프런트 직원, 식당 웨이터 같은 서비스업 종사자들을 연습 대상으로 삼아보면 어떨까? 추가 비용 없이 더 나은 자리, 더 좋은 객실, 무료 디저트, 서비스 업그레이드를 요구해보는 것이다. 존중하는 태도의 묻기로 더 나은 서비스를 받아보라. 지나친 욕심을 부리면 안 된다는 가르침은 잠시 잊어라. 경험 많은 서비스업 종사자들은 당황하지 않을 것이다. 어차피 늘 요청을 받는 입장이기 때문이다. 그들이 고객과 관계를 유지하면서 어떻게 요청을 받아들이거나 거절하는지 관찰하라.

서비스업 종사자에게 방해하기 연습을 해보라. 동료와 이야기를 나누거나 문자를 하는 점원 앞으로 가라. 그리고 당신 쪽을 바라볼 때까지 기다렸다가 예의 바르게 도움을 요청하라.

* "끼어들어 미안합니다만……."
* "바쁘신데 죄송하지만……."

생각해보라. 상대가 배려를 보이는 한 방해하는 것은 기분 나쁜 일이 아니다. 우리는 묻기를 위해 예의 바르게 방해할 만한 자격이 충분한 사람들이다. 더욱이 상대는 우리 같은 고객을 상대하는 직업에 종사하지 않는가. 이쯤 되면 아마 묻고 싶어질지도 모른다. "그러니까 낯선 이를 괴롭히거나 바쁜 사람을 방해하는 게 연습이라는 건가요?" 그렇다. 쉽지 않겠지만 자리를 피하고 싶은 유혹을 떨쳐버려야 한다. 방해하며 도움을 요청한 상대가 누구든 그 사람의 반응, 그리고 나 자신의 반응을 집중해 살펴라.

당신 때문에 쇼핑이나 상품 정리 등 '중요한' 일을 방해받았다고 여기는 상대 앞에서 당신이 어떤 느낌을 받는지 살펴보라. 연애사나 스포츠, 타투 등의 잡담을 나누고 있는 점원들을 예의 바르게 방해해 보라. 마음을 굳게 먹어라.

두 눈을 굴리며 당황하거나 언짢은 표정을 짓는 사람들이 있을지도 모른다. 사실 이런 반응은 그리 많지 않다. 있다 해도 그저 가능한 반응이라고 여겨라. 서비스직과 맞지 않는 성격이라면 그건 그 사람이 해결해야 하는 문제다. 당신이 선을 넘은 경우에는 사과해야겠지만 그게 아니라면 괜찮다. 다음 요청을 이어갈지 말지만 결정하라.

모든 묻기 연습에서 중립적 관찰자가 될 필요가 있다. 자신의 감정을 잘 관리해야 한다. 어떤 묻기가 제일 쉬운지, 어떤 묻기는 시간과 에너지를 들일 가치가 없는지 알아내자. 마음이 불편하고 어서 자리를 뜨고 싶어지는 묻기는 무엇인가? 그 묻기에 어떤 접근법이 효과를 발휘하고 어떤 접근법은 그렇지 않은지 살펴라.

가족을 상대로도 연습해보는 건 어떨까? 사실 가족은 가장 어려운 상대다. 집안일을 더 하라거나, 친구를 만나는 대신 함께 영화를 보러 가자는 식의 과감한 묻기를 해보라. 가족을 설득할 수 있다면 누구든 설득할 수 있을 것이다.

직장에서 물어보는 것이 더 쉽다

과감하게 묻기 조사 연구 응답자들은 직장에서 쉽게 물을 수 있는 것으로 고객 소개, 프로젝트 마감 기한 연장, 공급업자와의 거래 조건 개선을 꼽았다그림 7 참조.

직장에서 질문하고 요청하기가 개인적으로 하는 것보다 쉽다고 생각하는 이들이 많다. 당신이 좋아하고 재능 있다고 생각하는 업무를 요청해보라. 당신이 훌륭한 직원이라면 잘 맞는 업무를 맡겨 당신을 더 생산적이고 행복하게 만드는 것이 고용주의 이해에도 부합한다.

안토니오의 사례

안토니오는 자신이 발표와 교육 업무를 좋아한다고 상사에게 말해두었다. 그리고 이런 업무를 더 많이 할 수 있으면 좋겠다고도 했다. 상사는 회의 때 나서고 싶어 하지 않는 동료들을 대신해 안토니오가 발표를 전담하게 했다. 또한 다른 부서의 교육을 맡도록 추천해주었다.

프랭크의 사례

재활용 가능 자원에 대한 다큐멘터리를 시청한 프랭크는 자기가 일하는 제조업체에서도 비슷한 운동을 벌이면 어떨까 생각하기 시작했다. 프랭크는 인터넷과 온라인 커뮤니티를 통해 연구를 한 뒤 설계개발팀 팀장에게 연구 결과를 보고했다. 팀장은 세 가지 원료에 대한 시범 프로젝트를 시작해보라며 지원을 약속했다.

그림 7 직업적으로 물어본 일

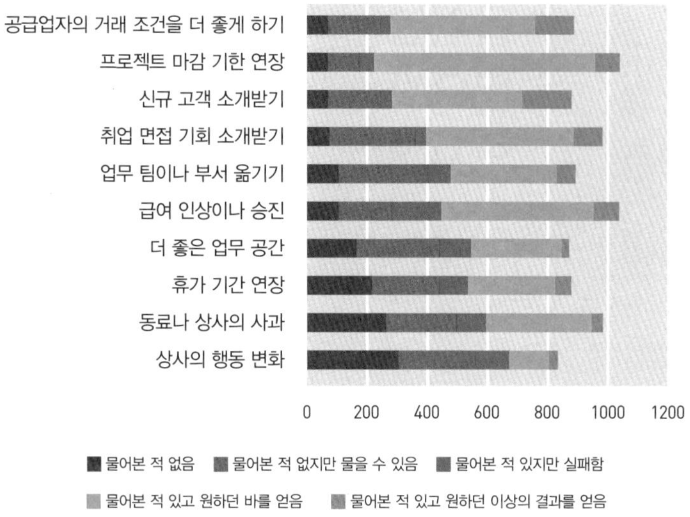

18 분명하게 물어볼 필요가 있지 않은가

세미나에 참석한 건축 분야 관리자 두 명은 한 주 동안 직장과 개인 생활에서 과감하게 물어보는 연습을 하겠다고 약속했다.

안전지대 밖으로 나간 직후에는 아예 불가능해 보이는 일을 묻는 경우가 없었다. 하지만 자신들이 원하는 것에 초점을 맞춰 묻기 시작하자 점점 더 큰일을 자주 묻게 되었다.

맨디의 사례

한 주가 지난 후, 맨디는 직장과 개인 생활에서 과감하게 묻기를 시도한 사례를 털어놓았다. "첫째, 대규모 거래 물량 발주를 미루고 있던 고객에게 이달 안에 청구서를 발행할 수 있게 빨리 발주해줄 수 있을지 물었습니다. 결과는 성공적이었습니다. 이어 수의

사에게 그동안 성실히 진료비를 냈으니 한 번은 면제해달라고 했죠. 흔쾌히 면제를 받았습니다. 마지막으로 하청 계약자에게 가격을 낮춰 고객의 이익을 높여달라고 했습니다. 그랬더니 정말 가격이 낮아졌어요!"

섀넌의 사례

섀넌도 묻기 결과를 보고했다. 세 차례를 시도하고 모두 성공했다. "최근 업무 효율화가 강조되었지만 저희는 여전히 종이 서류를 사용하고 있죠. 전자 양식을 통해 서류 작업을 없애자고 요청했더니 받아들여졌습니다. 제 프로젝트 책임자는 1년의 프로젝트 기간을 반년 만에 끝내자고 했더니 동의하더군요. 마지막으로 약혼자에게 결혼 반지를 사도 좋은지 물었어요. 제가 적당한 가격의 반지만 찾으면 좋다고 대답했답니다."

팀원들이 서로에게 개선 요청을 하며 일한다면 얼마나 많은 일이 가능하겠는가? 시간과 돈을 절약할 혁신적인 아이디어가 쏟아질 것이다. 머리 아픈 일도 줄어든다. 개선 가능성을 묻기 시작하면서 일어난 변화들을 보자.

묻기를 통해 배송 소요 시간을 최대 50퍼센트 줄였습니다.

장비 납품 제조업체에 교육용 장비 무료 제공을 요청했습니다. 그 결과 교육생들이 진짜 장비로 경험을 쌓게 되었죠.

물어보는 사람에게 기회가 찾아온다

과감하게 묻기 조사 연구에서 가장 많은 이들이 직장에서 시도한 묻기는 비즈니스 기회의 확장 요청이었다. 응답자의 61퍼센트가 고객 소개를 요청한 경험이 있고 한 명 이상을 확보했다고 답했다131쪽 그림 7참조.

현재 고객과 접촉해 더 많은 비즈니스 기회를 물어보라. 다음 예를 보면서 어떻게 물으면 좋을지 생각하라.

"지금까지의 협력 관계가 굉장히 만족스럽군요. 혹시 저희와 함께할 수 있는 다른 프로젝트 계획은 없으신가요?"

"저희가 함께 비즈니스를 하고 싶어 하던 회사와 친밀한 사이시더군요. 혹시 그 회사에 저희를 소개시켜주실 수는 없을까요?"

아무리 당신에게 호감이 있는 사람이라도 먼저 묻지 않으면 도와줘야겠다는 생각을 미처 하지 못한다. 자랑하거나 과시하라는 의미는 아니다. 그저 당신이 제공하는 제품과 서비스를 사람들이 알게끔 하는 것, 당신이 잘 협력하고 있는 이들에게 적절한 소개를 부탁하는 것이다.

과감하게 물어본 덕분에 소식이 끊겼던 두 고객과 지난해에 다시 연결되었습니다. 대화는 성공적이었고 올해 말에 제가 어떻게 도움을 줄 수 있을지 몇 가지 방법을 논의하는 중입니다.

타마라의 사례

비즈니스 코치인 타마라는 더 많은 강연 기회를 원했다. 그래서 자기 지역인 컬럼비아와 버지니아의 강연자 인맥을 통해 소개를 부탁했다. 소셜미디어에도 도움을 요청했다. 그 결과 백악관을 비롯한 여러 연방 기관에서 세미나 요청이 들어오기 시작했다.

당신과의 비즈니스를 만족스럽게 여기는 이들에게 추가로 협력이나 소개를 부탁하면 더 많은 일, 더 많은 고객을 감당할 수 있다는 점이 함께 전달된다. 전문가답게 꾸준히 묻기를 이어간다면 일정표가 가득 찰 뿐만 아니라 미래의 비즈니스도 기대되는 수준에 도달할 수 있을 것이다.

무엇을 원하는지 정확하게 말해야 한다

묻고 난 후 침묵하는 것은 강력한 방법이지만 분명히 말해야 할 때는 오히려 문제가 된다. 예를 들어 고객이 정당한 서비스 비용을 아까워하며 무작정 깎아달라고 요구한다고 하자. 그러면 과연 그렇게 봉사를 해야 할지 자문해보아야 한다. "서비스의 가치를 누렸고 지불능력도 있는 사람임에도 불구하고 내 시간과 노력을 값싸게 주어야 하는가? 이 시간과 노력을 차라리 비영리 단체에 기부하는 편이 낫지 않을까?" 잠자코 있다가는 매출이 줄어들 뿐만 아니라 두고두고 후회하는 마음이 남을 것이다.

취업 면접

긴장되는 면접 과정에서도 당신이 원하는 바에 초점을 맞춰야 한다. 과감하게 묻기 조사 연구 응답자들은 취업하기 전에 급여, 거주비, 휴가 등의 처우와 복지 부분을 세심하게 살폈어야 했다고 아쉬워했다. 취업 면접 때 더 나은 방안을 묻고 요청해야 했다는 것이다. 에릭슨 사의 인수 합병 및 인사 책임자 진저 셸히머Ginger Shelhimer는 다음과 같이 조언한다.

"급여를 협상할 준비가 되어 있어야 한다. 자기 능력의 현재 시장가치가 어떤지 미리 조사하라. 그리고 자신과 고용주 모두에게 유리한 수준의 급여를 요청하라. 그러면 당신은 취업에 성공하고 고용주는 원하는 인재를 얻을 것이다."

별말 없이 정해진 급여 수준으로 입사한 후 더 많은 급여나 복지 혜택을 요구해 협상에 성공한 후임자들을 보면서 땅을 치는 상황이 벌어지기도 한다.

직원별 자료를 보면서 동료들이 저보다 더 높은 급여를 받는다는 것을 알게 되었습니다. 저만큼의 전문성도 경험도 책임도 없는데 말입니다. 상사에게 자료를 제시하자 급여를 조정해주더군요. 제가 자료를 살피고 요청하지 않았다면 아직도 제 급여는 그대로일 겁니다.

급여 인상과 승진

돈과 관련된 질문이나 요청은 쉽지 않다. 급여 인상 건은 더 그렇다. 과감하게 묻기 조사 연구에서 응답자의 10퍼센트는 단 한 번도 급여 인상을 요구하지 않았다고 답했다131쪽 그림 7 참조. 급여 인상이나 상여금을 요구하느니 차라리 다른 직장을 찾겠다는 사람까지 있었다.

급여 인상 얘기는 상사를 위협하는 것과 같아요. 급여를 올려주지 않으면 회사를 떠나겠다는 위협이요. 최후통첩이라고나 할까요.

회사가 인원 감축을 계획하는 상황이라면 급여 인상 얘기를 하자마자 잘릴 수 있어요.

좋은 소식을 알려주겠다. 확률은 당신 편이다. 급여 인상을 요청한 사람들 중 성공한 경우가 실패한 경우보다 많았다. 우리 연구의 다음 수치를 보라.

* 급여 인상을 요청한 사람 중 17퍼센트가 원하는 결과를 얻지 못했다.
* 급여 인상을 요청한 사람 중 42퍼센트가 원하는 결과를 얻었고 9퍼센트는 원하는 것 이상의 결과를 얻었다.

연구 결과에 따르면 급여 인상을 요청하기에 앞서 사람들이 가장 많이 했던 준비는 다음 세 가지였다.

* 요청을 진지하게 받아들이도록 하기 위해 필요한 일이 무엇인지 알아보기
* 인터넷 검색을 통해 같은 업종 및 직무 종사자들의 급여 수준 알아보기
* 책임자급의 친한 사람에게 조언 구하기

인터넷 검색을 해보면 기업들의 문화나 업무, 급여에 대한 정보를 얻을 수 있다. 구직할 때, 승진을 기대할 때, 전문가를 채용하려 할 때 인터넷에 올라온 글들을 참고하라. 우리 회사가 바깥에서 어떤 평을 받는지 알고 놀라게 될지도 모른다.

19 상대방의 답변을 예측하고 다가가라

상사는 급여에 대한 당신의 불만을 전혀 모르고 있을 수도 있다. 상사가 동의할 경우에 대비해 일단 크게 요구하는 것도 방법이다.

그날 오후 저는 상사에게 가서 약속한 대로 급여를 인상해달라고 했습니다. 상사는 바로 그러겠다고 하더군요. 아직 급여 인상이 안 되었는지 몰랐다고 하면서요.

제가 그 자리에 지원해도 괜찮을지 물었습니다. 재직 기간도 길지 않고 경험도 부족한 상황이지만 제게는 예외를 인정할 수 있다고 하더군요. 그래서 저는 입사 9개월 차고 학사 학위가 없는데도 승진했습니다.

당신의 요청을 받은 상사는 다시 위에 가서 당신 대신 요청을 하게 된다. 그러니 상사에게 당신의 능력을 충분히 증명하고 정당화해야 한다. 그래야 상사가 보고하기 용이하다.

반대로 느닷없이 급여 인상 요청을 받은 관리자들에게는 생각할 시간이 필요할 수도 있다. 요청하는 사람은 몇 개월 동안 고민한 일이지만 요청을 받는 사람에게는 갑작스러운 상황이니 말이다. 협상은 하지만 실행에는 옮기지 않는 상사도 있다. 그래도 실망하지는 말라. 적어도 이런 과정을 통해 객관적인 자기 입지는 확인하게 되는 셈이다. 최악의 경우 다른 일자리를 찾아볼 수도 있다.

제 상사는 말로는 'Yes'라고 했지만 실제로는 'No'였어요. 급여 인상을 해줄 수 있지만 그러려면 일단 제대로 준비가 되었는지, 향후 계획은 어떠하고 예상 실적은 무엇인지 서류로 입증을 해야 한다고 했죠. 제출 서류가 마음에 드는 경우 윗선에 보고하겠지만 그때에는 다시 새로운 서류 작업을 해야 할 거라더군요.

거절당했을 때의 대처 전략이 필요하다

확실하게 거절당할 경우가 생길 수도 있다. 그럴 때는 어떻게 대처하는 것이 좋을까? 감정적으로 반응하기보다 구체적인 대답을 떠올려보자. 예를 들어 "회사 자금 사정이 어렵다는 말씀을 잘 이해했습니다. 그럼 향후 제 급여 인상이나 승진이 고려 대상이 될 때까지 어떤 준비를 해두면 좋을까요?"라고 물을 수 있다. 그리고 필요한 준비를 꾸준히 해두는 것이다.

디트리히의 사례

디트리히는 승진하기 위해 자신이 어떤 능력을 개발해야 할지 알고 싶었다. 상사는 디트리히의 열정을 꺾지는 않았지만 비현실적인 기대를 심어주지도 않았다. 디트리히는 "지금 당장은 승진 기회가 없다는 것을 알지만 준비는 해두고 싶습니다. 제 실적을 다른 사람들의 실적과 비교한다고 할 때 특히 보완이 필요한 부분을 두세 가지 꼽는다면 무엇일까요?"라고 물었다.

조직에서 자신의 존재를 드러내는 노력

조직 내에서 자신의 존재가 드러나도록 일할 필요가 있다. 당신은 조직에서 긍정적인 역할을 하는 구성원, 협력하는 동료로 인식되고 있는가? 스스로 조직의 매출, 업무 과정 개선, 비용 절감에 기여하고 있는지 평가해보라. 급여 인상과 승진을 묻기에 앞서 자신의 성과를 현실적으로 파악해야 한다. 이로써 자신이 해낸 가치 있는 일들을 자신 있게 부각할 수 있다.

당신의 능력과 노력을 높이 평가하는 이들이 보내준 편지와 이메일을 따로 보관하고, 급여 인상이나 승진 등을 요청할 때 상사에게 이를 제시하라. 일단 자신의 가치를 확신하고 나면 더 자신 있게 요청할 수 있다. "나만큼 잘해낸 사람이 있다면 무슨 말을 해줄 것인가?"라고 자문해보는 연습도 필요하다. 당신은 좋은 평을 받는 사람, 약속을 지키는 사람이다. 설사 이번 요청이 받아들여지지 않는다 해도 이런 작업으로 인한 긍정적 영향은 남을 것이다.

마거릿의 사례

마거릿은 임원에게 고객과의 세일즈 미팅에 동석해달라고 요청했다. "그 고객은 병원 체인 한 곳의 구매 담당이었습니다. 전국 규모의 큰 체인은 아니어도 우리에게는 매우 중요한 고객이었지요. 최고 사양 바로 아래 단계 제품을 구매하고 있었는데 최고 사양으로 옮길 생각은 아직 없는 상황이었습니다."

임원이 모습을 드러내자 고객은 그렇게 높은 책임자가 방문해준 것에 감동을 받았다. "여전히 최고 사양 제품은 판매하지 못하지만 임원 앞에서 제품과 관련된 제 지식과 세일즈 능력을 보여줄 귀중한 기회를 얻었습니다. 제가 평가받게 될 때 판매 실적은 몰라도 성실성과 능력만큼은 인정받겠죠. 최소한 그 고객 때문에 제가 불이익을 받지는 않게 된 겁니다. 요청하길 정말 잘했죠!"

미래를 바라보면서 새로운 일에 초점을 맞추는 자세

과거의 실적에 대해서는 이미 보상을 받았다. 이전의 실적을 반복하는 것은 더 이상 목표가 아니다. 다음 해에 새로 이루어낼 일에 초점을 맞춰야 한다. 과거의 실적을 미래 성취의 근거로 활용하라. 상사가 윗선에 당신의 급여 인상을 강력하게 전달할 수 있도록 도와야 한다.

제이미의 사례

메이크업 아티스트인 제이미는 젊은 고객들을 상대로 더 많은 매출을 올리기 위한 방법을 몇 주 동안 고심했다. 작년의 성공 기록을 이어가고 싶었던 것이다. 하지만 점주는 제이미가 만들어간 영업 기획안을 서랍에 집어넣으면서 나중에 검토하겠다고 했다.

제이미는 무시당했다고 느끼면서도 용기를 내어 물었다. "지금 검토하지 못하시는 이유가 뭐죠?" 점주는 "세금 납부 건 때문에 지금은 머리가 너무 복잡해. 금요일 이후에야 다른 데 신경을 쓸 수 있는 상황이야"라고 대답했다. 제이미는 상황을 이해했고 "설명해 주셔서 고맙습니다. 그럼 이 얘기는 다음 주 화요일에 할까요?"라고 대안을 제시했다.

내 경력은 내가 책임져야 한다

마음의 준비를 하고 심호흡을 한 뒤 물어라. 거절당하리라는 생각,

아직 완벽하게 전달할 수 없다는 생각 때문에 포기하는 건 현명하지 못하다. 가만히 있으면 현재의 급여나 역할에 만족한다는 뜻이 된다. 더 많은 기회와 보상을 원한다는 것, 더 많은 책임을 기꺼이 질 준비가 되어 있다는 것을 알려야 한다.

이미 특정 업무를 수행하고 있는데도 보상을 받지 못하거나 공식적으로 인정받지 못하는 경우는 결코 적지 않다.

> 직함 없는 리더라는 말에 딱 들어맞는 사람이 누구냐는 질문에 동료들이 저를 지목하더군요. 저 자신도 미처 모르던 일이었는데요. 그래서 저는 걸맞은 직위를 요청했고 연이어 두 번 승진했습니다. 20년 동안이나 최일선 현장에서 일하다가 반년 만에 책임자로 올라간 것이죠.

내 경력은 내가 책임져야 한다. 내 일, 가족, 돈 문제를 대신 해결해 줄 사람은 아무도 없다. 실적이 대단한데도 원하는 보상이 따라오지 않는 상황이라면 자신이 정말 원하는 것에 집중할 시간이다. 급여 인상이나 승진 가능성을 물어보는 걸 어려워하지 말자. 당신에겐 물어볼 자격이 있다.

20

'묻기 스트레스'를 해소하기 위한 3단계 전략

청중 앞에 연설하러 나갈 때 그렇듯 묻거나 요청하기에 앞서 아드레날린이 급증하는 것은 정상적인 현상이다. 이런 상황이 되면 두뇌가 신호를 보내 아드레날린이 추가 분비된다. 이는 미리 예상하지 못한다면 평정심을 잃을 정도로 강력한 에너지다.

묻기에 대한 압박과 부담감은 정보를 처리하고 소통하는 방식을 바꿔버릴 수 있다. 그렇기 때문에 최악을 고려하고 최선을 희망하며 스스로를 진정시킬 필요가 있다. 신체의 화학적 반응은 피할 수 없지만 아드레날린 효과가 제대로 된 방향으로 흘러가게 한다면 추가적인 에너지를 얻고 각성 상태를 유지하는 데 도움이 된다. 대단한 무언가를 묻는 상황에서 더 많은 에너지와 각성을 원치 않을 이유가 없지 않은가?

묻는 것이 스트레스라면 어떻게 해야 좋을까?

기대 어린 흥분 대신 불안과 스트레스가 당신을 짓누르고 있을지 모른다. 걱정이 많아 다음 행동을 결정할 여유가 없다. 생각해야 할 문제가 산더미다. 이번 요청이 다음 의사 결정에 영향을 미칠 것이다. 어디서부터 시작해야 할지 알 수 없다. 째깍째깍 시간만 흐른다. 초조하지만 어떻게 일을 진행해야 할지 모르겠다. 도움을 청하고는 싶은데 누구한테 무엇을 물어야 할지 불분명하다. 심장 박동이 빨라지고 마음만 바쁘다. 가슴께가 뻐근하고 배가 살살 아프다. 머리가 돌지 않고 상황 파악이 안 된다.

이는 감정이 과도한 상태, 그리하여 압도되어 버린 상태다. 이 순간 머리에 떠오르는 유일하게 이성적인 단어가 '비이성적인 상황'일 정도다. 그렇지만 심리학자 멜 화이트허스트Mel Whitehurst는 "두려움은 강력한 동기, 아마도 가장 커다란 동기를 부여하며 적절한 두려움은 최대의 효율성을 낳는다"고 말한다.

아드레날린과 두려움은 유익하게 작용할 수 있다. 어찌할 바 모르는 혼란 상태라면 잠시 멈춰 심호흡을 하고 충분히 생각한 뒤 질문을 던져라. 질문이 생각나지 않을 때 다음 3단계 전략을 활용해보는 것은 어떨까?

1단계: 인식하기

2단계: 명료화하기

3단계: 다음에 무엇을 물어야 최선일지 결정하기

논리적으로 사안을 토론하고 합의 가능한 결과에 이르기 전에 우선 침착하게 상황을 이해해야 한다. 감정과 반응은 자칫 방해 요인이 되어 명료하고 객관적인 생각을 가로막을 수 있다. 감정에 휘둘리지 말고 감정을 주의 집중의 신호로 사용하라.

3단계 전략은 스트레스 상황에서 특히 유용하다. 이 전략은 가장 어려운 종류를 포함한 대부분의 묻기 상황에 유용하다.

1단계: 인식하기

무슨 일이 일어나고 있는지 인식하라. 스스로에게 질문을 던져라. 상대의 태도, 말, 음성, 자세는 당신에게 무엇을 알려주는가? 당신 자신의 모습은 어떤가? 당신은 지금 이 순간 무엇을 인식하고 있는가?

스트레스 상황이라면, 신체가 어떻게 반응하는지 살펴라. 무엇이 두드러지는가? 예를 들어 너무 얕게 혹은 급하게 호흡하고 있지는 않은가? 그렇다면 숫자를 세면서 거기에 맞춰 호흡 속도를 늦춰보자. 시선이 흔들리며 초점이 안 잡히는가? 주변을 돌아보고 의자 무늬나 천장 장식, 벽지나 바닥 색깔 등 한 곳에 초점을 맞춰라.

2단계: 명료화하기

통찰과 이해가 필요하다. 대화에서 맥락을 놓치거나 판단이 안 된다고 느낀다면 '무엇'과 '어떻게' 질문을 통해 명료화를 시도할 수 있다.

스트레스 상황이라면, 당신의 질문에 상대가 한 대답을 반복한 후 "정확하게 이해한 것인가요?", "제대로 다시 말했나요?"라고 물어라. 정의와 이해는 서로 다르다. 더 명료하게 하려면 사례를 물어보면 된다. "그 행동의 예를 들어주실 수 있나요?" 혹은 "무슨 뜻으로 그렇게 말한 것인지 설명해주시겠어요?"라고 물을 수 있다.

상대와 계속 시선을 맞추되 가능하면 메모를 하라. 객관적인 입장을 유지하려 애써라. 왜 메모를 하느냐고 상대가 묻는다면 "중요한 말씀이니까요. 답변하기에 앞서 제대로 이해하고 싶습니다"라고 말하면 된다.

3단계: 다음에 무엇을 물어야 최선일지 결정하기

현재의 상황과 확보된 정보를 바탕으로 다음에 당신이 무엇을 물어야 최선일지를 판단하는 단계이다. 상세 내용까지 전부 결정해야 하는 것은 아니다. 그저 다음에 무엇을 할지만 정하면 된다. 모르겠다면 더 많은 질문을 던져 다시 명료화를 시도하자.

스트레스 상황이라면, 지금 가장 의미 있는 묻기가 무엇인지 판단하라. 오해를 해소하기 위한 묻기가 필요한가? 막 접한 소식에 대해 어떤 대처 가능성이 있는지 물어야 하나? 잠시 휴식하겠다는 것이 최선의 요청일까?

21

두렵다면 잠깐 멈추어도 좋다

두려워서 입이 떨어지지 않는다면

공포라는 감정을 정면으로 마주보기

'두려움은 진짜처럼 보이는 거짓'이라고 한다. 당신이 걱정하는 많은 일이 실제로는 일어나지 않는다는 점을 알아차렸는가? 정말로 기이한 일이 일어난다면 그건 아마 당신이 생각조차 해보지 못한 종류일 것이다. 걱정과 근심을 글로 기록해보라. 그리고 스스로에게 이렇게 물어보자.

* 정말로 걱정되는 것은 무엇인가?
* 내가 선택할 수 있는 대안은? (대개 복수의 대안이 존재한다.)

* 지금 무엇을 선택할 것인가?
* 언제 그 결정을 다시 검토할 것인가?
* 일어날 수 있는 최악의 일은 무엇이고 나는 그 결과를 어떻게 받아들일 것인가?

흰 종이 위에 검은 글씨로 쓰인 자신의 걱정을 직접 눈으로 보게 되면 하고 싶은 일이 무엇인지 알 수 있다. 강제로 해야 하는 일이 아니라 원해서 하는 일 말이다. 걱정거리를 하나하나 살피면서 지금 중요한 것, 시간을 두고 조금 기다려야 하는 것, 내버려두면 사라질 것을 구분해보라. 먼저 내린 결정의 결과가 마음에 들지 않았다면 다른 대안을 선택할 수 있다는 점을 기억하자.

잠깐 멈추는 시간을 갖기

뜻밖의 묻기나 요청에 놀라 뭐라 대답할지 알 수 없는 경우에 처해 보았는가? 새로운 요청에 당장 대답해야 할 필요는 없다. 먼저 생각할 시간을 얻고 답변을 고민해도 좋다. 상대에게도 감정을 가라앉히고 다시 생각을 정리할 기회를 주는 것이다.

함께 의논할 사람들을 모으기 위해서든, 새로운 정보를 처리하기 위해서든, 추가 정보를 찾기 위해서든, 그저 숨을 돌리기 위해서든 잠깐 멈추는 것이 좋다. 성급하게 답변하는 대신 휴식 시간을 가져라. 그런 시간이 생기면 스트레칭을 하거나 잠시 바깥으로 나가 걷거나 화장실에 다녀오거나 물 한 컵을 마시거나 심호흡하라. 이 멈춤의 시간을 자신을 정돈하고 생각을 모을 시간으로 활용하라. 때로는 박차고 나와야 할 때도 있다. 하지만 생각해야 할 때가 훨씬 더 많다. 멈춤 시간을 얻기 위한 묻기의 예는 다음과 같다.

* "잠깐 쉬어야겠어요. 10분 후에 다시 의논할까요?"
* "문제를 제기해줘서 고마워요. 저도 충분히 생각하고 답변하고 싶군요. 내일 오후에 다시 만나면 어떨까요?"
* "꽤 중요한 문제이니 다른 일정이 없는 시간에 논의하는 게 좋겠어요. 오늘 오후 3시에 다시 와주겠어요?"

불평하는 사람들로부터 벗어나기

공통의 관심사를 확인하게 되면 혼자가 아니라는 위로와 안도감을 느끼게 된다. 같은 문제를 안은 이들로부터 실질적인 해결책을 얻을 수도 있다. 장애물이 나타났을 때는 서로 기운을 북돋고 돕기도 한다.

하지만 불평만 하고 문제 해결은 전혀 하지 않는 사람들은 주의해야 한다. 당신의 조언을 구하고는 받아들이지 않는 유형이다. 이런 사람들은 핑계가 많고 자신이 희생양이라 주장하며 에너지를 소진시킨다. 행동은 없다. 해결책을 알아내려고 하지도 않는다. 이들의 부정적인 태도는 무익할 뿐만 아니라 자칫 감염되기 쉽다.

22 우리는 '묻지 말라'는 **말을 들으며** 살아왔다

살면서 이런 말을 들어본 적이 있는가?

* "토 달지 말고 시키는 대로 해."
* "욕심부리지 마. 필요한 만큼만 가지면 되잖아."
* "네 의견이 필요하면 그때 물어볼게."
* "벌써 뭐가 궁금하다는 거야? 일단 그냥 해."
* "왜냐고? 내가 그렇게 말했으니까."

우리는 섣불리 물어보지 않도록 교육받았다. 말 잘 듣고 열심히 일 또는 공부 하고 착하게 굴고 줄을 잘 서고 너무 많은 질문을 던지지 말라는 훈계를 듣는다. 이 말을 얌전히 따르면 상을 받는다. 권위에 의문을 제기하지 않고 순종하며 시키는 일을 잘 하면 인정과 사랑을 받는 것이다.

업무를 하면서 여러 문화를 접하다 보면 몹시 위계적인 문화도 만나게 되더군요. 회의에 사장이 참석한 경우 관련 정보나 해결책을 아는 사람들이 모두 입을 다물고 맙니다. 일일이 호명을 하면서 질문해야 겨우 답변을 하는 답답한 상황이 부지기수로 생기죠.

당신 역시 안전지대 밖으로 나가 질문 던지기를 꺼리는 문화에 속했을 수 있다. 만약 그렇다면 다음과 같은 가르침에 익숙할 것이다.

* 무엇보다 체면이 중요하다.
* 남의 이해관계를 내 것보다 우선시하라.
* 질서와 규칙을 준수하라.
* 아이들은 얌전히 행동해야 한다.
* 어른들을 괴롭히면 안 된다.
* 분란을 일으키지 말고 전통을 지켜라.
* 가문의 명예를 보호하라.

종교가 묻기를 가로막기도 한다. 대부분의 종교에서는 겸손함, 착하고 가난한 사람이 받는 보상, 끈기 있는 기다림, 절제, 필요가 채워지면 문제가 해결되리라는 믿음 등을 강조하기 때문이다.

당신도 비슷한 가르침을 받았는가? 하지만 동시에 나서서 말할 것을 권장하는 조언들도 존재한다. "직접 말하지 않으면 누가 해주겠는가?", "묻지 않으면 어떻게 알 수 있겠는가?", "지금 털어놓고 영원한 평화를 찾아라" 등이 그렇다.

혹시 스스로 묻기를 자제하고 있다면 "이 마음은 어디서 왔을까? 내게 더 도움이 되는 다른 신념을 찾을 수는 없을까?"라고 자문해볼 필요가 있다.

Tip

사실 여러 종교가 묻기를 권장한다

종교 경전들을 보면 질문을 권장하는 내용이 자주 나온다. 불교 명상에서는 질문을 통한 진리 추구 방법을 강조한다. 이슬람교는 '알라께 묻고 또 묻기를 망설이지 않아야 한다. 그것이 우리가 알라에 가장 가까워지는 길이기 때문이다'라고 가르친다.

유대교는 아주 어린아이부터 노인에 이르기까지 묻고 대답하며 공부하기를 강조한다. 예를 들어 유월절 만찬 때 사용되는 하가다(Haggadah)라는 텍스트를 보면 유대인들의 이집트 탈출 이야기를 소개하며 네 가지 핵심 질문을 제시한다. 신약성경에서도 '구하면 받고, 찾으면 얻고, 문을 두드리면 열릴 것'이라면서 묻기와 요청하기를 강조한다(마태복음 7장 7–8절).

나의 두려움은 교육받은 것이다

한때 안전한 보호 장치가 되어주던 생각이 오늘날에는 가능한 것조차 묻지 못하게 하는 장애물이 된다면 더 이상 현재의 주도적인 삶과는 맞지 않는다. 더 이상 도움이 되지 못하는 사고방식인데도 우리는 무의식적으로 이를 고집하며 원하는 것을 묻지 못하게 자신을 억누른다.

자아를 억누르는 사고방식은 그냥 내버려둘 경우 계속 확대되어 자아를 억누르는 현실이 되고 만다. 선택은 우리에게 달려 있다. 장애물이 계속 커지도록 내버려둘 것인가, 아니면 돌파 전략을 시도할 것인가? 글쓰기의 장애가 그렇듯 묻기의 장애도 아무 해결책이 없는 듯한, 혹은 부정적 해결책만 있는 듯한 상태에 우리를 가둬버리곤 한다.

인식만으로 장애물이 사라지지는 않는다

"난 묻는 게 전혀 어렵지 않아요"라고 말하는 이들이 있다. 주저 없이 묻는 이들이 있다는 현실은 그렇지 못한 입장에게는 괴롭고 화나는 일이다. 장애물이 있다는 것을 인식한다고 해서 장애물이 사라지는 것은 아니다. 다음의 감정들 역시 마찬가지다.

* 자신이 비논리적인 사람이라는 좌절감
* 똑똑한 사람들은 자기 성공을 스스로 가로막지 않는다는 깨달음
* 남과 자신을 비교하는 데서 오는 비참함

* 더 나쁘지 않은 것이 어디냐는 자기 위로

안타깝게도 스스로를 괴롭히는 방식은 효과가 없다. 똑똑하다는 사람들은 교육과 정보 수집을 통해 묻기 문제를 해결할 수 있다고 여긴다. 성취 동기가 높은 이들은 심지어 특정 방식의 묻기나 행동 방식을 알아야만 한다고 생각하며 스스로에게 압박을 가한다. "내가 스스로의 문제도 해결하지 못하면서 내 생각의 대가로 남들의 돈을 받아도 되는 것인가?"라며 자신을 괴롭히기도 한다. 퀸털리프대학교의 셰리 버핑턴Sherry Buffington은 장애물은 계속해서 힘을 얻고 우리는 점점 더 많은 두려움을 느끼게 된다고 설명한다.

자아를 한계지어 성장을 막아버리는 생각은 나름의 목적에 충실하다. 이를 이해하고 건강한 해결책을 찾지 않는 한 다른 대처법은 별 효과가 없다. 가장 강한 의지와 가장 영웅적인 노력도 자아를 억누르는 믿음을 없애주지 못한다. 의식 차원과 달리 무의식 차원에서는 그 믿음을 유지하려는 힘이 여전하기 때문이다.

얼마 동안은 삶이 불편해지는 부작용을 기꺼이 감수하며 상황을 바꾸겠다고 결심해야 극적인 변화가 가능하다. 두려움과 무기력 앞에 눈을 감아버리는 대신 다음 3단계 전략을 활용하라.

1단계: 인식하기

* 내가 스트레스를 받는 문제는 _______________이야."
* 나는 ______________ 상황에서 꼼짝 못 하게 되어버려."

2단계: 명료화하기

* "내가 선택할 수 있는 대안들은 무엇인가?"
* "일어날 수 있는 최악의 일은 무엇인가?"
* "나는 스스로를 어떻게 가로막고 있는가?"

3단계: 다음에 무엇을 물어야 최선일지 결정하기

* "현재의 정보를 바탕으로 볼 때 당장 가장 의미 있는 것은 무엇인가?"
* "요청의 달인이라면 어떻게 할까?"
* "실패할 수 없는 상황이라면 어떤 과감한 묻기를 해야 할 것인가?"

다행히도 완벽한 삶은 재미가 없다

묻기를 주저하는 것은 과거의 나쁜 경험 때문일 수도 있다. 과거와 오늘의 상황이 다르다는 점을 생각하는 대신 과거에 잘못되었던 일만 생각하는 것이다. 그리하여 비슷해 보이는 일은 회피하고 본다. 조심해서 나쁠 것은 없다고, 제정신이라면 실패한 결과를 반복하려는 사람은 없을 거라고 생각하면서 말이다. 과거에 살 것인지, 과거를 흘려보낼 것인지 선택해야 한다.

과거가 현재를 산산조각내기 전에 과거와 화해하라. 과거의 실수를 자꾸 살려내는 일을 중단하라. 우리는 완벽하지 않다. 다행히도 완벽한 사람들의 삶은 별로 재미가 없는 법이다. 이렇게 생각을 바꿔보면 어떨까?

* 과거에는 예상치 못한 나쁜 일도 있었지만 예상치 못한 즐거운 일도 있었다.
* 대부분의 실수는 복구 가능하다. 최근에도 여러 실수를 저질렀지만 해결해냈다.
* 과거를 통해 당신은 학습을 했다. 현재 당신은 과거에는 하지 못했던 어떤 행동을 하고 있는가?

과거에 저지른 실수, 과거에 거절당했던 요청은 이제 잊어버려라. 오늘은 새로운 날이고 주변에는 5년 전 당신의 실수를 모르는 새로운 사람들이 있다. 지금 할 수 있는 최고의 요청을 하라. 필요하다면 조금씩 수정해나가면 된다.

플로의 사례

플로는 성장기에 가족의 보호를 받지 못했다. 아버지는 집 밖으로 돌았고 어머니는 정신적 문제에 시달렸다. 열두 살 소녀였던 플로는 요리, 장보기, 집안 살림, 어린 동생들 돌보기를 도맡았다. 그

와중에도 성적이 좋아 장학금을 받고 대학에 입학했으며 졸업해서는 좋은 직장에 취직도 했다. 하지만 직원들에게 훈계를 해야 할 때면 자꾸만 멈칫거리게 된다.

플로는 이런 순간마다 자신에게 이렇게 말한다. "왜 이러는 거지? 지금 상황이 유쾌하진 않지만 난 성인이잖아. 어린 시절처럼 형편없는 환경은 아니라고. 관리자로서 조직에 부정적인 영향을 미치는 직원에게는 그 사실을 알려야 해. 물론 기분 좋은 말은 아니지만 문제가 더 심각해져 그 직원이 자기 경력까지 망쳐버리기 전에 이 상황을 알아야 한다고."

과거의 잘못된 생각이 항상 힘을 발휘하지는 않는다. 이는 자기를 한계짓는 믿음과 행동을 떨쳐낼 수 있다는 증거가 된다.

15년 전 어렸을 때는 바보같이 보이는 것이 두려웠어요. 하지만 서른다섯 살이 되자 더 이상 걱정하지 않게 되더군요. 충분히 나이 먹었다는 것이 좋아요. 이제는 더 현명해졌고 무언가 바꾸고 싶다면 요청할 수 있다는 걸 아니까요.

23 자신이 아닌 남을 위해서 물어보는 건 편하다

자신이 아닌 남을 위해서 묻는 것이 훨씬 쉽고 편한가? 과감하게 묻기 조사 연구 응답자의 3분의 2가 자신을 위한 묻기보다는 고객, 아이, 자기가 보살피는 누군가 등 다른 사람을 대신하여 하는 묻기가 훨씬 편하다고 하였다그림 8 참조. 충분히 납득 가는 결과다. 나에게 의존하는 누군가를 위해 묻고 요청할 때는 위험을 감수하고 용기를 내기가 더 쉬운 법이다.

가족, 학교, 공동체, 종교 등에서 자기보다는 남들을 먼저 생각하라는 교육을 받았던 것도 영향을 미친다. 원하는 것을 요구하거나 '정해진 몫' 이상을 기대하는 것은 이기적이라고, 혹은 인격적 결함이라고 배웠을 수도 있다. 배려, 존중, 예절을 강조하는 문화권에서는 적은 것에 만족하며 괜한 분란을 일으키지 말고 타협하라고 가르친다.

그림 8 고객, 아이, 보살펴주는 누군가 등 다른 사람을 대신하여 묻는 것이 훨씬 편하다.

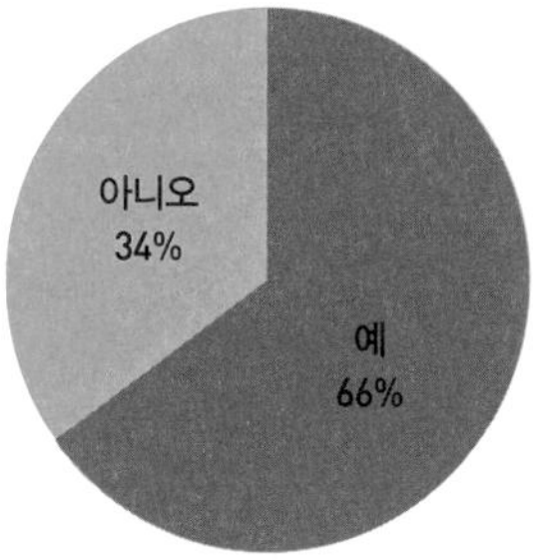

다른 사람을 위한 묻기에서도 'No'라는 대답을 들을 위험은 존재하지만 불쾌함은 훨씬 줄어든다. 응답자들이 밝히는 이유를 보자.

* 저 자신에 대해 말하기보다는 남의 편을 들어주는 것이 훨씬 쉬워요.
* 부담이 줄어들어요. 남의 일이니까요.
* 그 결과가 제게 아무 혜택을 주지 않을 때 묻기가 더 쉬워요.
* 약자를 돕는 것은 어렵지 않아요.
* 'No'라는 대답을 듣더라도 제게 한 것이 아니니 실망스럽지 않아요.
* 남을 위해 물어보는 일은 이기적이라는 느낌이 없어요. 반면 제가 원하는 것을 묻는 건 엄두가 안 나요. 제게 그럴 만한 자격이 없다고 생각하거든요.

위의 말들을 보면 묻기를 대신해주는 누군가가 아닌, 묻는 자신에 대한 느낌과 시각이 중심이 된다. 나머지 3분의 1의 응답자들은 묻기의 결과로 자신이 혜택을 보든 안 보든 상관없다고 답했다. 자기 일은 자기가 알아서 물어야 한다고 답한 사람도 일부 있었다. 혜택을 보게 될 사람이 직접 물어야 한다는 것이다.

* 할 수만 있다면 직접 물어야 합니다.
* 저보다는 그들이 상황을 더 잘 알고 있으니 그들이 직접 물어야죠.
* 학교에서 기금을 마련할 때는 학생들이 직접 제게 연락해 물건을 사 달라고 부탁해야 한다고 생각해요. 부모들이 대신하는 건 안 돼요. 혜택을 받는 사람은 다름 아닌 학생들이니까요.

자기 이익을 위해 물어보는 일은 이기적일까?

질문이나 요청의 최대 난관 중 하나는 자기 이익을 위해 묻는 것이 이기적이지도 않고 남을 속이려는 시도도 아니라는 깨달음을 얻는 것이다. 당신은 그저 할 수 있는 최고의 거래를 시도할 뿐이다. 그럼에도 자신을 위해 무언가 얻어내고 싶어 하는 것은 잘못이라는 인식이 널리 퍼져 있다.

* 사람들은 제가 욕심을 부린다고 생각할 거예요.
* 전 일부러 먼저 묻지 않아요. 제가 자기들을 이용한다고 생각하는 게 싫거든요.

세일즈에 어려움을 겪는 사람들도 비슷한 걱정과 머뭇거림을 보인다. 사람들은 욕심 많고 부담스러운, 남을 조종하려 드는 존재가 되려 하지 않는다. 불편한 사람이 되고 싶지 않아 자신이 원하는 바를 남들에게 알리지 않는 것이다.

자신을 위해 요청하는 일이 꺼려질 때 한 가지 해결책은 자신이 아닌 다른 누가 또 그 요청에서 혜택을 보는지 생각하는 것이다.

* 교실에서 부담을 감수하고 질문함으로써 역시 이해하지 못하고 있는 다른 학생들을 도울 수 있다.
* 말을 꺼내기 어려운 회의에서 질문을 던지면 그 대답이 다른 참석자들의 의사 결정을 돕게 된다.
* 받아 마땅한 보너스나 급여 인상을 요청하면 가족이 혜택을 받아 빚을 갚거나 휴가를 갈 수 있다.

남을 대신해 물을 때 발휘하게 되는 바로 그 뜨거운 열정을 자신을 위해 물을 때에도 적용하라. 앞서 언급했듯 대다수의 응답자들 전체의 3분의 2 은 남에게 혜택이 돌아갈 때 더 편안하게 물을 수 있다고 답했다. 사랑하는 이들, 어린이, 공공의 목표를 위해서 사람들은 영웅적인 행동을 해낸다. 주눅 들거나 머뭇거리지 않고 과감한 묻기를 해내는 것이다.

팻의 사례

경영학 교수이자 요청의 달인인 팻은 자녀가 다니는 초등학교의 축제 준비 위원회장을 맡고 있다. 5년 동안이나 축제를 위해 기부금을 모으고 상품을 구입하는 일을 해온 것이다. 팻은 수완 좋게 맡은 일을 해낸다. 가격이 저렴한 장난감이나 학용품을 보게 되면 가게 주인에게 추가 할인을 요청한다. "안녕하세요? 저는 ○○초등학교의 축제 준비 위원회장인 학부모랍니다. 1달러짜리 색칠놀이 책이 잔뜩 쌓여 있군요. 제가 이걸 다 가져간다면 개당 5센트에 주실 수 있나요?" 때로는 더 이상 할인이 어렵다는 거절의 말을 듣고 또 때로는 10센트나 50센트는 줘야 한다는 말이 나오기도 하지만 "좋아요. 제가 실어드리죠. 차를 어디 세우셨지요?"라는 대답이 가장 자주 나온다고 한다.

글로리아의 사례

글로리아는 비영리 단체의 회원이다. 이 단체는 밤 시간에 어느 건물에서 모임을 가지곤 했는데 건물이 안전 진단 위험 등급을 받는 바람에 모임 장소를 새로 구해야 했다. 글로리아는 아는 사업가를 만나 모임 장소를 제공할 수 있는 건물주를 소개해달라고 부탁했다. 사업가는 한두 군데를 섭외해 연결해주었고 단체에도 관심을 보였다. 단체의 목표와 활동에 대해 설명을 들은 후에는 혹시 장기 임대 계획은 없는지 물어왔다. 자기가 건물을 하나 사서 5년 동안 저렴하게 임대를 해주겠다는 것이었다. 글로리아는 그런 호의에 놀라고 감동했다.

그레타의 사례

그레타는 아시아에서 일어난 재해 소식을 듣고 성금을 내기로 결심했다. 하지만 수중에 돈이 많지 않아 500달러 정도만 가능했다. 동료들에게 이야기를 해보았더니 참여하겠다는 사람들이 생겨났다. 인사과에서도 직원들의 모금액만큼을 회사 자금에서 내놓겠다고 약속했다. 그레타의 500달러는 하루 사이에 금방 3000달러로 늘어났다.

당신이 물어본 결과는 이렇게 기하급수적으로 커질 수 있다. 그레타의 경우처럼 기부를 하는 상황이라면 공공의 목표를 제시하며 주위 아는 사람들뿐 아니라 한 번도 만나본 적 없는 사람들에게까지 기부를 권유할 수 있다. 과감함을 발휘하라. 공공의 행복을 위해 묻고 요청하라.

24

서로에게 이익이 되도록 물어보는 기술

'무작위 친절 행동'에 대해 들어보았는가? 익명으로 낯선 이를 위한 행동을 하는 것이다. 줄 뒤에 선 사람의 커피값을 내기도 하고 필요한 사람에게 옷을 기부하기도 한다. 누군가가 교통비 없이도 버스를 탈 수 있도록 돈을 미리 내두기도 한다. 이는 누군가의 하루를 예상치 못한 기쁨으로 채워주는 행동이다.

어떤 도움이 필요한지 묻는 '친절 시도'도 이와 마찬가지다. 다만 무작위 친절 행동처럼 익명으로 하는 대신 의도적으로 연결해보라. 혜택을 받는 사람이 어떤 도움을 받을지 결정하도록 권한을 준다면 가치가 더욱 높아진다.

《카오스에서 통제로From Chaos to Control》의 저자 베티 개럿Betty Garrett은 "당신이 아프다면 사람들이 돕고 싶어 할 겁니다. 다만 무엇이 필요할지는 모르지요"라고 말한다. 그리고 도와주겠다고 하는 사람에게 목록을 만들어주라고 조언한다. "뭐가 필요하냐고 묻는 사람들에게 정보를 주는 거예요."

친절은 양쪽 모두에게 이득을 준다

물어보는 순간 우리 삶을 개선시킬 기회가 생긴다. 이는 당신이 물어볼 때마다, 사람들이 당신의 친절을 받아들일 때마다 증명되는 사실이다. 우리는 단순한 요청 하나로 차이를 만들어낼 능력이 있다. 남을 돕는 능력에 감사함을 느낀다는 점은 더욱 중요하다.

* 새로 입사한 직원에게 함께 점심을 먹으러 가고 싶은지, 그리고 다른 부서 사람들과 인사를 나누고 싶은지 물어보라.
* 뒤에 오는 사람에게 문을 잡아주면 좋을지, 키가 작거나 휠체어에 타 선반에 손이 닿지 않는 사람에게 상품을 꺼내줘도 될지 물어보라.
* 선생님에게 학급 운영에 도움이 필요하지 않은지 물어보라.
* 혼자 사는 이웃에게 함께 영화관이나 교회에 가고 싶은지 물어보라.
* 일하는 부모에게 대신 사다 줄 것이 있는지, 외출할 동안 아이를 돌봐주면 좋을지 물어보라.
* 다치거나 아픈 사람에게 잔디를 깎거나 도시락을 사다 주면 좋을지 물어보라.

버니의 사례

구호 단체 메트로크레스트의 책임자로 일하게 된 버니는 사람들에게 어떤 도움을 필요로 하는지 물었다. 그리고 대답을 바탕으로 쇼핑 행사를 열었다. 포인트를 사용해 품위 있게 쇼핑할 수 있는 경험을 제공한 것이다. 자원봉사자들은 쇼핑이 어떻게 진행되면 좋을지도 다시 물어서 확인했다. 버니는 "과거의 구호 방식은 이제 통하지 않아요. 여자애들한테는 인형, 남자애들한테는 공을 나눠 주는 방식은 안 된다는 거죠. 원하는 것을 줘야 합니다. 그리고 그걸 알려면 물어봐야 하죠"라고 이야기한다.

당신을 도와주겠다는 제안도 받아들여라. 남을 도우면서 기쁨을 느꼈다면 남들도 당신을 도우면서 똑같은 기쁨을 느끼도록 해야 하지 않겠는가? 묻고 요청하지 않는다면 남들에게 돕는 기쁨을 느끼지 못하도록 만드는 셈이다. 어떤 도움이 필요한지 물어보는 것뿐만 아니라 도움을 줄 수 있는지 물어보는 것 또한 필요한 일이다.

Change Up

묻도록 독려하기

훌륭한 리더, 멘토, 코치는 훈련과 도구만으로 좋은 실적이 나오지 않는다는 것을 안다. 문제를 집중해서 해결하는 능력을 강화하려면 정신적 장애물을 제거해야 한다. 이 장애물에 대해 토론해보라.

과감한 요약

* 글쓰기의 장애물이 그렇듯 묻기의 장애물도 우리를 막다른 길로 몰아넣는다. 장애물의 정체를 밝혀라. 그리고 그 믿음과 행동이 어떻게 자신을 억압하는지 알아보라.
* 물을 준비가 된 순간 느껴지는 긴장과 두려움은 정상적인 반응이다. 이는 행동에 고도로 집중하게끔 해준다. 충분히 이용하라.
* 어려운 대화를 해야 하는 상황이라면 3단계 전략을 동원하라.
* 성과에 치중하는 이들은 스스로 모든 해답을 알아야만 한다는 압박을 느낀다. 이런 압박에 사로잡혀 묻기를 망설이지 말라.
* 묻기를 할 때는 과거의 부정적 경험을 떠올리지 말고 오늘 이 순간 앞에 놓인 도전에만 집중하라.
* 훌륭한 습관이 자리 잡으려면 연습이 필요하다. 식료품점, 시장, 벼룩시장, 식당 등 안전한 장소에서 묻기를 연습하라. 묻기가 습관이 되도록 하라.

현명한 질문

* 내가 버린 과거의 믿음은 무엇인가?
* 불안한 마음에서 오는 에너지를 어떻게 집중력 강화에 활용할 수 있을까?
* 당면한 상황을 더 잘 인식할 방법은 무엇일까?
* 어떤 질문을 해야 더 많은 정보를 얻을 수 있을까?
* 다음번 최선의 묻기에 집중해야 한다는 생각을 어떻게 할 수 있을까?

질문 목록

장애물을 깨뜨려라. 머릿속 쓰레기를 내다 버려라. 자신이 원하는 것을 묻지 못하도록 막는 요소들을 종이에 기록하라. 그리고 스스로에게 "이건 쓰레기야. 이런 믿음이나 행동이 한때는 도움이 되었을지 몰라도 이제는 필요하지 않아"라고 말하라. 그러고는 종이를 구겨 쓰레기통으로 던져버려라. 그 이후에는 묻기가 가로막힐 때 새로운 대응을 할 수 있다는 점을 기억하라.

Ask

두려움과 장애물을 인정하고 돌파 전략도 시도했지만 정말로 원하는 것을 요구하지 못하는 상태일 수 있다. 왜일까? 요청이 기꺼이 받아들여질 때만 과감하게 물을 수 있다고 여기는 것은 아닐까? 일단 큰 요청으로 시작해 조금씩 물러나라. 반대로 조금씩 조금씩 큰 것을 요구한다면 상대가 짜증을 내며 떠나버릴 위험이 있다. 어떤 요청을 하든 뒷받침을 해야 한다. 섣부른 속임수는 필요 없다. 물어도 될지 허락받을 때까지 기다리지 말고 스스로에게 묻기를 허락하라. 그리고 성공을 거둬라.

4부

Ask

100%,

영리한 요청은

100% 기회를

만든다

25

의사 결정자를 **상대하는** 연습

가능하다면 의사 결정을 할 수 있는 상대에게 묻고 요청하라. 권위 있는 누군가에게 물어보려고 하면 마음이 불안해진다는 사람들이 있다. 나이, 성별, 경제력 등의 차이를 의식하기 때문이다. 자신의 교육 수준이나 경험, 배경 등을 고려하면 차마 힘 있는 사람 앞에서 입을 열 수 없다고도 한다. 당신도 그렇다고? 당신 혼자만 그러는 것은 아니니 안심하라.

* 뭔가 물었다가 나쁜 영향이 올까 봐 무서워요.
* 괜히 물었다가 상대가 다른 것을 요청하면 어떻게 해요.
* 상대가 위압적이어서 묻기가 불편해요.

경험과 교육 수준의 차이는 충분히 부담스러울 수 있다. 예를 들어 교수나 교사들은 학생을 주눅 들게 하는 권위를 지닌다. 과감하게 묻기 조사 연구에서 응답자의 28퍼센트는 학생 시절 교수나 선생님에게 성적에 대해 직접 묻거나 성적을 조정해달라고 요청해본 적이 한 번도 없다고 말했다.

선생님에게 성적에 대해 묻지 못할 이유가 대체 무엇일까? 어째서 기대만큼 성적이 나오지 않았는지 아는 사람은 다른 누구도 아닌 선생님이 아닌가? 이렇게 성적에 대해 묻는 것은 개념에 대한 설명을 다시 한 번 확인하는 동시에 다음번 시험을 준비할 기회도 된다. 또한 선생님들도 인간이니 만큼 성적 처리 과정에서 실수를 저질렀을 수 있다. 대학의 언론학 교수인 로리 알렌Lorri Allen은 다음과 같이 이야기한다.

> 선생 입장에서는 어째서 매 학기 연구실로 찾아오는 학생이 한두 명에 불과한지 이해할 수 없습니다. 원하기만 하면 일대일로 추가 학습을 할 수 있는데 말이지요. 학생들이 찾아와서 물어볼 용기를 내주면 저도 감동해서 더 잘해주려고 노력하게 되죠. 그렇게 도움을 청한 학생들은 결국 더 좋은 성적을 받더군요.

학부모들 중에서도 교사들에게 어떻게 묻고 도움을 청해야 하는지 모르는 경우가 있다. 자녀의 성적이 기대 이하일 때 부모가 선생님에게 던질 수 있는 최고의 질문은 다음과 같다.

* "아이 성적이 떨어졌더라고요. 혹시 선생님께 도움을 청하던가요?"
* "아이가 집에서 공부할 때 도움이 될 조언을 좀 해주시겠어요?"
* "혹시 평소와 다른 행동을 하지는 않던가요?"

텍사스 맥키니 소재 고등학교의 교향악단 지도 교사 마이크 링크 Mike Link는 "부모들은 '우리 아이가 더 잘하기 위해 최선을 다하고 있나요?'라는 질문을 던져야 합니다"라고 말한다.

권위 있는 사람들은 어차피 당신이 자기들처럼 경험이 풍부하지 않다는 점을 알고 있다. 그러니 괜히 아닌 척할 필요는 없다. 더 많은 정보를 얻기 위해 묻는 것만으로도 상대에게 배우려는 의지와 노력을 충분히 전달할 수 있다.

권위 앞에서 기죽지 말라

상대가 어떤 역할을 맡고 있든 어떤 직위를 지녔든 지나치게 의식하지 말라. 그렇게 중요한 사람들은 낭비할 시간이 없다. 그러니 당신 모습이 어떨지, 그들이 당신을 마음에 들어 할지 걱정은 그만하라. 의사 결정자들이 가장 귀중한 자원 중 하나인 시간을 당신에게 쓰고 있다는 것은 이미 당신에게 무언가 있다는 뜻이다.

권위를 지닌 사람을 찾아내 묻는 연습을 하라. 요청을 들어줄 힘을 지닌 이들이 누구인지 알아야 한다. 그 의사 결정자들의 반응을 관찰하라. 이들은 귀 기울여 듣고 진지하게 생각해 문제를 해결한다. 남들이 어쩔 줄 몰라 하는 상황에서 행동을 취한다.

'Yes'라고 답할 수 있고, 그렇게 답해줄 사람을 찾도록 하자. 스트레스가 심한 상황만 아니라면 권위를 지닌 사람이 요청에 기분 상하는 일은 없다. 'No'라고 대답할 때는 대안을 내놓든지 나름의 이유를 설명할 것이다.

하지만 당신이 접촉하는 상대방에게 결정권이 있느냐고 대놓고 물어보는 결례를 범하지는 말라. 많은 경우 상대방은 당신의 요청을 최종 결정자에게 전달하는 과정에서 중요한 역할을 담당한다. 결정권자가 누군지 알아보기 위한 질문을 하라.

* "이걸 결정하는 데 또 누가 관여하게 되나요?"
* "의사 결정 과정이 어떻게 되는지 알려주실 수 있나요?"

요청이 처리되는 과정에 관여하는 사람들을 알게 되면 각 사람에게 더 좋은 질문을 하고 필요한 정보를 더 많이 제공할 수 있다.

당신이 접촉하는 상대방이 의사 결정자와 무엇을 공유하는지 살펴라. 권한을 지닌 사람들은 시각 자료, 간결한 핵심 제안, 혹은 상세한 문서 자료를 요구할 수 있다.

의사 결정자를 직접 만날 수 없다면 상대방이 당신 제안을 효과적으로 전달할 수 있도록 필요한 자료를 준비하라. 의사 결정 중간에 있는 사람을 잘 도와야 당신의 메시지가 더 확실히 전달될 수 있다.

26 "그래서 어쩌라고?"라는 질문에 대비할 것

의사 결정자는 질문받기를 싫어하지 않는다. 그 질문이 비즈니스에 도움이 된다면 더욱 그렇다. 다만 의사 결정자에게 물을 때는 상대의 가장 귀중한 자산인 시간을 존중해주어야 한다. 당신의 질문을 받거나 당신에게 무언가 물어본다면 이미 당신이 의사 결정자에게 의미를 지닌다는 뜻이다.

호기심의 중요성을 강조하는 말을 들어보았을 것이다. 권위를 지닌 이들도 물론 호기심을 독려한다. 의사 결정자와 마주하고 있다면 자신감을 갖고 질문을 던져라.

* 오늘 제게서 어떤 도움을 기대하시나요?
* 문제의 진짜 원인이 뭐라고 생각하시나요?

* 이런 상황이 발생한 이유가 뭐라고 들으셨나요?
* 문제 해결을 위한 어떤 노력이 성과를 보였나요?
* 성과가 없었던 노력은 무엇인가요?
* 완벽한 해결책은 무어라 생각하시나요?
* 이 문제가 어떻게 해결되리라 생각하시나요?

의사 결정자와의 대화법

진정한 의사 결정자라면 핵심을 찌르는 대담한 질문을 반길 것이다. 집중할 수 있는 시간이 제한되어 있기 때문이다. 그러니 핵심을 요약하고 무엇을 묻는지 명료히 하라. 대화는 짧게 하되 초점을 정확히 맞춰서 해야 한다.

리더들에게 요청할 때는 기본 요소를 명료하게 해야 합니다. 누가 관여된 일인지, 무엇이 필요한지, 언제 실행되어야 하는지, 어떤 문제가 예상되는지 등을 정리하는 거죠. 이사진들과 대화하려면 나름의 기술이 필요합니다. '의사 결정자와의 대화법'이라고나 할까요.

권위를 지닌 인물들은 종종 "그래서 어쩌라고?"라는 질문을 한다. 그 말뜻은 "핵심을 정리해보게. 어째서 이게 중요한지 설명하고 왜 이런 요청을 하는지 알려주게"이다. 의사 결정자들은 당신의 요청을 받아들여야 하는 정당한 사업적 근거를 알고 싶어 한다.

데이지의 사례

데이지는 〈포춘〉 지 선정 기업들 여러 곳에서 일하며 일곱 국가에서 살아본 경영인이다. 그녀는 사람들이 던지는 질문과 답변을 보면 관심과 열의를 판단할 수 있다고 생각한다.

"비즈니스 제안이나 프로젝트 진행 보고를 위해 어마어마한 정보와 분석을 가져오는 사람들이 많아요. 그 데이터를 준비하고 사실 관계를 확인하고 멋진 프레젠테이션 자료를 만드는 데는 물론 막대한 시간이 들어갔겠죠. 그런 노력은 감사하지만 전 '그래서 어떻다는 거죠?'라는 질문을 던질 수밖에 없어요."

그러면 많은 경우 당황하여 어쩔 줄 몰라 하는 모습을 보게 된다고 한다. "단순한 도표나 슬라이드를 넘어서 더 깊이 파고드는 얘기를 하고 싶은 거예요. '그래서 어쩌라고' 질문은 진정한 열정과 토론을 이끌어내죠. 그래서 어쩌라는 건지 답변하지 못한다면 정말로 그 일에 관심이 있다고 할 수 없는 게 아닐까요?"

결정권이 없는 사람은 'No'라고 말할 힘만 있다

'No'라고 말하지 않지만 그렇다고 절대 'Yes'라고도 말하지 않는 사람들을 만나보았는가? 이들은 늘 친절한 얼굴로 더 많은 정보를 요구한다. 결정권은 없고 말만 많은 사람들이다. 시간 낭비만 시키는 이런 유형은 프로젝트 진행을 도와주겠다고 말은 하지만 정작 중요한 시기에는 유난히 바빠 짬을 내지 못한다. 다른 고객과 연결시켜주겠다는 약속도 물론 실현되지 않는다.

세일즈나 고객 관리를 위해 이런 유형을 만났다면 아마 식사나 골프 대접만 실컷 했을 뿐 판매 실적을 올릴 수도, 의사 결정을 이끌어낼 수도 없었을 것이다. 그리고 당신은 뒤늦게 상대가 영향력도 결정권도 없는 존재임을 깨닫게 된다.

이런 유형이 의도적으로 당신을 이용하는 것은 아니다. 다만 'Yes'라 말할 힘이 없을 뿐이다. 그럼에도 이들을 정중히 대하도록 하라. 문지기 역할을 하는 사람은 일이 되도록 만들지는 못해도 더 이상 진전되지 않게끔 방해하는 역할은 충분히 할 수 있기 때문이다. 절차를 따르지 않으면 'Yes'를 얻어낼 기회가 완전히 사라져버릴 수도 있다. 단계적 절차를 뛰어넘어 사장에게 무언가를 요청하면 중간 관리자가 발끈해 일을 망쳐놓을지도 모르는 것처럼 말이다.

결정권이 없는 사람들은 계속 더 많은 자료를 요구한다. 그러면서 언제 결정이 날 것인지는 말하지 않는다. 사실 관계를 몇 번씩 확인하고 애매한 이유를 대며 일을 지연시키는 사람은 의사 결정자가 아니다. 그러니 결정할 수 있는 사람이 올 때까지 기다리는 편이 좋다.

그래서 'No'라는 대답을 들으면 나는 "'Yes'라고 답하거나 저를 도와줄 수 없으신 모양이군요. 그렇게 할 수 있는 분은 누구실까요?"라고 묻곤 한다.

27 요청의 달인은 '그냥' 요청하지 않는다

현명하게 요청하는 사람들의 묻기 원칙

마음을 읽지 않기

요청의 달인들은 자기 조사에만 의존한 상태로 요청을 감행하지 않는다. 남들에게 물어보며 미심쩍은 부분을 확인하고 명료화하는 과정을 거친다.

속으로 추측하는 대신 사람들에게 직접 무엇이 중요한지 물으며 문제 해결 과정에 참여시킨다. 사람들은 자신이 참여한 일이어야 편을 든다는 말이 있다. 이는 질문이나 요청을 할 때도 마찬가지로 적용된다. 상대를 문제 해결 과정에 참여시키는 다음 질문들을 보자.

* "원하는 것을 다 얻을 수 있다면 어떤 일이 일어나기를 원하나요?"
* "여기서 승리는 무엇일까요?"

과거에 대해 묻기

현명한 사람들은 남들이 과거에 했던 일이나 질문을 떠올린다. 그리고 혼자 결정할 수 없을 때 바로 그 과거에 대해 묻는다. 예를 들면 다음과 같다.

* "이런 요청을 전에 여러 번 했었죠. 요청받은 상대가 어떤 정보를 원하던가요?"
* "제 위치의 사람들이 주로 어떤 것을 묻던가요?"

깊이 파고들어 묻기

정말로 원하는 것을 묻는 이들에게는 공통된 특징이 있다. 무작정 열심히 일하는 대신 현명하게 묻고 깊이 파고드는 질문을 한다는 것이다. 열린 질문을 던지고 경청한 후 "더 설명해주시겠어요?" 혹은 "또 다른 점은요?" 같은 추가 질문을 통해 명료화한다. 상대의 마음을 읽는 척하지 않고, 물은 후에는 입을 다물어 상대가 말하도록 한다.

* "시작하기 전에 중요하게 해주실 말씀이 있나요? 또 다른 말씀은요?"
* "일을 성사시키기 위해 어떤 노력을 하셨죠? 자세히 말씀해주실 수 있나요?"

문제 해결을 위한 도움 청하기

상대 회사, 조직, 가족이 어떤 상태인지, 어떻게 움직이는지 상세히 알기란 불가능하다. 괜히 넘겨짚지 말고 걱정되는 점이 무엇인지 상대에게 털어놓고 해결에 도움을 구하라.

* "문제 해결에 필요한 인력과 데이터에 어떻게 접근해야 할지 모르겠어요. 이러이러한 사람들과 데이터를 활용할 수 있는 방법이 무엇일까요?"
* "조직 내 의사소통이 늘 문제군요. 일정 공유 같은 것이요. 모두가 상황을 정확히 파악하도록 하려면 어떻게 해야 할까요?"
* "직원들이 어떤 불만을 갖고 있다고 생각하세요? 그 불만을 해소시킬 최선의 방법은 무엇일까요?"

아는 척하지 않기

의사 결정자들은 아는 척하거나 발뺌하는 상대를 정확히 알아차린다. 답을 다 아는 척하지 말라. 할 수 있는 만큼만 준비하라. 대답할 수 없는 질문이 나왔다면 "모르겠습니다"라고 말하면 된다. 더 나아가기 전에 반드시 답해야 하는 질문인지부터 확인하라.

* "모르겠습니다. 결정을 내릴 때 이 정보가 중요한가요?"
* "저는 모르는 일입니다. 이런 문제는 생각해본 적 없어서요. 일단 그 답을 알아올까요, 아니면 다음 말씀을 드릴까요?"

내용을 확인하고 대답을 가져오겠다고 약속하기에 앞서 먼저 그 정보가 정말 중요한지 확인하라. 의사 결정에 활용되지 않을 자료를 찾느라 귀중한 시간을 낭비하지 말라.

적시에 정확한 질문이 나왔다고 해서 너무 놀라고 당황하지는 말라. 어차피 미리 짜인 각본을 따라가는 것은 아니지 않은가. 다시 묻기에 앞서 귀 기울여 들어라.

경청은 큰 배려이다. 경청하려는 모습을 보이면 대부분의 사람들이 감탄할 것이다. 상대가 말을 더 많이 하게 할수록 당신이 배우는 것도 많아지게 마련이다. 당신의 제안과 이를 뒷받침할 논리는 이미 준비되어 있다. 상대의 질문에 대답할 때에도 초점은 당신 제안에 맞춰지도록 하라.

대답하고 이어서 묻기

말할 차례가 되면 제기된 질문에 답하라. 그리고 바로 그 질문을 상대에게 다시 던져라.

* "제가 원하는 것은 ________________."

  (원하는 결과를 설명하라. 이어서 "원하시는 결과는 무엇이지요?"라고 물어라.)

* "제가 알아야 하는 중요한 사항은 ________________."

  (대답하고 이어서 "그쪽이 알아야 하는 중요한 사항은요?"라고 물어라.)

* "잘해내기 위해 제가 노력한 일은 ________________."

("어떤 노력을 하셨지요?"라고 물어라.)

* "이것이 괜찮으시다면 다음으로 해야 할 일은 ________________."

("다음 단계는 무엇이라고 생각하시나요?")

* "논의해야 하는 몇 가지를 말씀드리면 ________________."

(의견을 제시하라. 그리고 "더 필요한 것이 있을까요?"라고 물어라.)

* "당장은 몇 가지만 대답할 수 있습니다만 앞으로 더 고민해야 할 것은 ________________."

(문제를 분명히 하라. 이어서 "그 밖에 원하시는 것이 있나요?"라고 물어라.)

협력의 중요성 알기

모든 것을 혼자서 해낼 수는 없다. 지금 같은 협력의 시대에 "도움은 필요 없어요. 혼자서 처리할 수 있어요"라고 말해서는 안 된다. 학교 행사 기획, 팀 프로젝트, 플래시몹, 크라우드소싱 등에서 핵심은 참여다. 혼자 시작하는 것은 대단한 일이지만 끝까지 혼자 가겠다는 것은 더 이상 장려되지도 용인되지도 않는 태도다. 《도움은 단순한 한 단어가 아니다Help Is Not a Four-letter Word》의 저자 페기 콜린스Peggy Collins는 다음과 같은 조언을 하고 있다.

상황이 발생하면 도움을 청하라. 혼자 결정하고 해내던 일의 통제권을 남에게 넘겨주는 일이 처음에는 불안할 것이다. 하지만 남들과 협력해 계획을 수립하면 단호하게 거부당할 가능성이 최소화된다. 통제권 상실도 절대적이지는 않다. 대신 동지애가 생기기 때문이다.

라즈의 사례

라즈는 실적 압박이 심한 환경에서 일한다. 최근 그는 '성과물이 제시간에 나오지 않고 있으니 혼자서 모든 일을 처리하는 습관을 버려야 한다'는 평가를 받았다. 라즈는 남들이 제대로 못 해내거나 실수할 거라는 생각에 부탁을 하지 않았다. 하지만 앞으로는 달라지겠다고 다짐했다.

"제대로 해내지 못하면 잘릴 거라는 불안감이 있어요. 그래도 이제부터는 꼭 그래야 하는 상황이 아니라면 혼자 마무리하지 않겠어요. 일이 잘되게끔 하려면 걸맞은 사람에게 부탁하고 의사소통을 적극적으로 해야죠. 다른 사람과 일정을 맞추면서 결과물 품질을 확보하려면 계획도 구체적으로 짜게 될 겁니다."

모임 구성하기

높은 사람들에게 요청하는 능력을 키우고 싶다면 동료 자문단을 만들거나 기존의 자문단에 합류하라. 이런 자문단은 서로의 노력을 응원해주고 더 성장하도록 격려해 성과를 높여준다. 자문단이 각 구성원의 이사진이 되는 셈이다.

다양한 조직에서 비슷한 역할을 수행하는 전문가끼리 연결해주는 공식 조직들도 있지만 비공식적인 분위기에서 구성원들의 필요를 채워주는 모임도 많다. 당신은 자문단이 필요하지 않은가? 성장하고자 하는 사람들이 협력하면서 만들어내는 통찰력과 힘은 묻기를 빨리 학습하고 실패를 줄이도록 해준다. 또한 여기서 얻는 지지와 조언은 엄청난 가치를 지닌다.

> 저희 채권 관리팀은 매주 모여 한 주를 점검하죠. 어떤 성과를 올렸는지, 연락을 시도한 사람은 누구인지, 도움받고 싶은 일은 무엇인지 공유합니다. 짧게 정리한 후에는 향후 필요한 일을 의논하는 시간도 가집니다.

당신이 신뢰하는, 그리고 당신을 믿어주는 사람들로 당신만의 응원팀을 꾸려보라. 아침 모임, 점심 모임, 퇴근 후 모임 등에 동참을 요청해보라. 'Yes'라 답하는 사람이 의외로 많을 것이다. 사람들은 보통 기회만 주어지면 서로 연결되기를 원하기 때문이다.

진주 팀의 사례

미셸, 수전, 앨리슨은 여러 회사에서 일하는 비슷한 급의 전문가 여성 모임을 만들고 싶었다. 그리하여 기꺼이 시간과 에너지를 나눠줄 여성 경영인들과 접촉하기 시작했다. 모임 이름은 아직 발전 중이라는 의미에서 '진주'로 지었다. '흙 속의 진주'를 줄인 말이다.

진주 팀원들은 서로의 강연에 참석하고 목표를 격려하며 번개 모임을 열기도 한다. 이 모임에 어떻게 가입할 수 있는지 궁금한가? '묻기'를 통해서 가능하다. 팀원 중 누군가가 당신에게 연락해 의사를 물어야 한다.

28 예상 밖의 일이 터졌을 때 던져야 할 질문

급작스러운 변화는 불안감을 낳는다. 최선을 다해 수립한 계획이 아무 소용도 없게 된다면 어떨까? 예상하지 못한 반대에 부딪혔을 때 어떻게 상황을 조정해야 하나? 했던 준비가 쓸모없어져 결국 전혀 준비되지 않은 상태가 되어버린다면? 다음 상황을 보자.

* 문제를 의논하려 상사와 만났는데 당신의 일자리가 위협받는 전혀 다른 상황이 펼쳐진다.
* 고객이 갑자기 배송이나 비용 관련 불만을 표한다. 회사의 매출이나 거래 관계에 타격이 올지도 모른다.
* 회의에서 부서 동료가 당신과 논의했던 것과 다른 내용을 발언하고 부서 공통 의견이라고 밝힌다.

* 발표 준비 시간이 갑자기 확 줄어들었다.
* 답변을 준비하지 않았던 질문들이 쏟아진다.
* 미처 모르고 있던 업무 규칙을 깨뜨렸다.(정해진 절차를 밟지 않고 장비를 구입했다거나 휴가를 써버렸다.) 부서 동료들이 화가 났고 사무실에 들어서자 어색한 기운이 감돈다.

우선 대응할 시간을 벌어야 한다

충격적인 말을 듣게 된 상황에서 대응 방식을 생각할 시간이 없다고 하자. 그러면 명료화 질문을 던져 이를 바탕으로 다음 단계 행동을 결정할 수 있다.

* "어떻게 답변해야 할지 모르겠습니다. 제 입장이라면 어떤 질문을 던지시겠습니까?"
* "처음 듣는 이야기입니다. 조금 더 상세히 말씀해주시겠어요?"
* "충격적인 소식이군요. 우리에게 가능한 선택지는 무엇이지요?"

상대의 답변을 경청하라. 앞서 소개했던 3단계 전략145쪽을 다시 살펴보며 스트레스 상황에서도 침착함을 유지하라.

샌디의 사례

샌디의 고객이 이메일을 보내왔다. '계약 연장 요청을 해오다니 정신이 있는 거요? 그쪽 회사는 기존 거래 내용도 제대로 이행하지 못하고 있어요. 현장 담당 부서와 확인이 안 된 겁니까?'

샌디는 당장 담당 부서로 달려가 어째서 이 대형 고객사 관련 문제를 알려주지 않았느냐고 따지고 싶은 마음을 억누르고 일단 고객사와의 거래 관계 유지 의사부터 밝히기로 했다. 그리하여 요청하는 이메일 답장을 보냈다. '대단히 죄송합니다. 곧 담당 부서와 접촉해 상황을 파악하겠습니다. 혹시 제게 참고가 될 이메일이나 자료가 있다면 좀 보내주시겠습니까? 오늘 오후 언제쯤 다시 연락드려 이 문제를 논의하면 좋을까요?'

지킬 수 없는 약속을 남발해 문제를 악화시키지 않고 현장 부서와 상황부터 검토하기로 한 것이다.

예상 밖의 일이 터졌다면 창의성을 유지하며 질문을 던지도록 하라. 계획은 변경될 수 있다. 변경이 반갑지 않겠지만 대개는 늘 다른 방법이 있기 마련이다.

예상하지 못했던 반대나 거부를 처리하기는 쉽지 않다. 상대가 중시하는 선례나 규칙을 따르지 않았다는 점이 드러났다면 한층 더 어려운 상황이다. 그럴 때 시스템에 이의를 제기하고 논쟁을 벌이는 것, 애원하거나 나가버리는 것은 나쁜 전략이다.

상대가 묻기에 적응할 시간을 주어라

과감하게 묻기 조사 연구에 따르면 요청을 거절하는 사람들의 첫 번째 이유는 '수락하기에 부적절한 요청이었기 때문'이었다38쪽 그림 4 참조. 예상하지 못한 요청을 받은 상대방은 거부하거나 감정적인 반응을 보일 가능성이 높다. 당신이 보기에는 충분히 논리적이고 이성적이며 잘 준비된 요청이라 해도 상대에게는 새로운 정보일 뿐이다. 속도를 늦추고 대화하라. 기본부터 함께 점검할 시간이 필요하다. 상대방이 자기 상사에게 보고하고 의논해야 할 수도 있다.

* 당신 자신도 요청이 통례나 표준과 다르다는 점을 인지하고 있음을 알려라.
* 상대의 당혹감이나 부가적 업무 부담에 대해 공감을 표현하라.
* 요청 수락에 필요한 변화가 충분히 가능하다는 명확한 근거를 대라. 통례나 표준에서 크게 벗어나지 않는다는 점을 상대가 분명히 알도록 하라.
* 상대에게 추가로 필요한 정보가 무엇인지 물어라. 당신 요청이 다시 위로 전달되어야 하는 상황이라면 서면 자료를 준비하라. 중요한 요청이 잘못 전달되어 혼란이 생기지 않도록 말이다.

묻기는 핵심 영역과 회피 영역을 분명히 드러내준다. 상대가 반대 입장이라고 느껴지는 경우 대화와 맥락을 다시 검토하라. 말속에 생각과 행동의 단서가 나타나는 법이다. 평형 상태에서 벗어나 변화하려면 확실한 이유가 필요하다고 여기는 이들이 많다. 묻기가 상대의 마음을 바꾸지 못할지도 모른다. 하지만 상대가 하는 대답은 다음 대응을 어떻게 할지에 대한 단서가 된다.

애쉬튼의 사례

기업 이벤트 진행자인 애쉬튼은 늘 사용하던 음향 영상 장비를 사용할 수 없다는 통보를 받고 몹시 화가 났다. 이유를 물어보니 "그 장비 제작사는 우리 거래처 목록에 없습니다. 이 조달 규정은 2개월 전에 만들어졌어요. 이메일로 알려드렸는데 못 보셨나요?"라는 답변이 돌아왔다.

애쉬튼은 상황 변화에 대해 드러내놓고 화를 내지는 않기로 했다. 자신이 얼마나 많은 음향 영상 장비들을 다뤄보고 해당 장비를 선택했는지 입씨름도 하지 않기로 했다. 대신 "어떻게 이 상황을 해결할 수 있죠? 이건 이번 이벤트를 위한 최적의 장비고 이벤트의 성공 여부가 여기에 달려 있습니다"라고 물었다. 그러자 "서류를 작성하고 해당 장비 제작사에게 필요한 보험 가입을 완료하면 거래처 목록에 넣을 수 있습니다"라는 답변이 나왔다.

긴급한 상황에서 당장 문제 해결을 하려 할 때는 자칫 잘못하면 분노가 폭발하고 만다. 진행하던 일을 갑자기 중단하고 별 의미 없어 보이는 절차에 따라야 하는 상황에 처해본 적이 있는가?

긴급 상황이나 예외 상황에 대한 처리 방법이 마련되어 있지 않다면 다음과 같은 질문이 가능하다.

* "어떤 조언을 해주시겠어요?"
* "제 입장에서 당장 답을 내야 한다면 어떻게 하시겠어요?"
* "이 요청이 받아들여지기 쉽도록 제가 할 수 있는 일이 있을까요?"

멜리사의 사례

멜리사는 마감이 임박한 프로젝트를 제때 끝내기 위해 추가 인원을 투입해야 했다. 그런데 투입 필요성을 뒤늦게 깨달은 탓에 결재를 미처 올리지 못해 프로젝트가 3주나 지연될 상황에 처했다.

"업무에, 특히 재원 조달에는 규칙과 절차가 필요하다는 걸 저도 이해해요. 하지만 고객의 업무와 매출에 영향을 미칠 중요한 사안이에요. 추가 인원이 필요하다는 건 막판에 알게 되었고요. 이런 긴급 상황에서는 어떤 절차가 가능할까요?"

상대방을 침착하게 만드는 묻기 전략

긴급 상황, 혹은 고도의 스트레스 상황도 묻기를 통해 통제할 수 있다. 경찰, 의료인, 소방관 등은 "다쳤나요?", "어떻게 된 상황인지 보셨나요?", "건물 안에 다른 사람들이 있나요?", "해주실 말씀이 있나요?" 등을 묻는다. 스트레스 상황에 처한 누군가와 대화하고 있다면 일단 묻기를 통해 필요한 정보를 얻어내라. 상대는 대답을 하면서 침착해질 수 있다. 대답하려면 대화에 집중하며 생각해야 하기 때문이다.

브룩의 사례

브룩은 금융 상담을 위해 방문한 고객이 긴장한 상태라는 것을 알아차렸다. 그래서 "저희가 만난 귀한 시간을 최대한 유익하게 쓰고 싶습니다. 괜찮으시다면 자산과 은퇴 계획에 대해 제가 여러 질문을 드리겠습니다. 설명을 충분히 들었다고 생각될 때나 잘 이해가 가지 않을 때만 끼어들겠습니다. 괜찮으시겠지요?"라는 질문으로 자신이 대화를 주도해도 좋을지 의향을 물었다. 고객은 고개를 끄덕였고 한층 편안한 표정이 되었다.

29 얼버무리거나 답변을 거부하면 어떻게 할까?

예측치가 나와야 하는 답변은 얻어내기 힘들다. 충분한 조사를 하지 않은 질문이라면 혹시라도 잘못된 예측치를 주게 될까 봐 상대가 망설이기 때문이다. 하지만 그 시점의 제한된 정보를 바탕으로 의사결정을 해야 한다면 예측치가 꼭 필요하다. 문제의 심각도 혹은 빈도를 알아야 할 때도 있다.

상대가 얼버무리거나 답변을 거부할 때 정확한 수치를 얻어낼 방법은 있을까? 아쉽게도 그런 방법은 없으니 그저 대략의 범위나 평균을 알려달라고 하라. 그리고 상대의 망설임을 누그러뜨리는 다음 질문을 통해 최선의 정보를 수집하라.

* "실제 수치는 조사를 해봐야 알 수 있다는 것을 잘 이해했습니다. 다만 현재

의 정보만으로 볼 때 어느 정도를 예상하면 좋을까요?"

* "현재 상황에서 최악과 최선의 시나리오는 무엇일까요?"
* "오랫동안 이 일을 해오셨잖아요. 이런 상황이 얼마나 자주 발생하죠?"

단테의 사례

휴대폰 회사의 고객 서비스 부서 책임자인 단테는 서비스 업무를 대폭 변경할 경우 고객들이 얼마나 큰 영향을 받게 될지 알아야 했다. 고객에게 마음의 준비를 시키고 직원들도 대기하도록 만들어야 했기 때문이다. 하지만 시스템 개선 엔지니어는 어떤 문제가 발생할 수 있는지, 총 기간이 얼마나 걸리는지 말해주지 않았다.

단테는 "상세한 수치를 달라는 것이 아닙니다. 서비스의 어느 부분에 얼마나 오랫동안 문제가 생길지 알려주시면 됩니다. 이런 식의 시스템 개선 작업을 150회 이상 해오셨다면서요. 서비스 문제가 두 시간 이상 발생한 적은 몇 번이나 있었죠?"라고 다시 물었다.

모든 질문에 대답해야 하는 건 아니다

상대에게 무엇이든 물어도 될 권리가 있다면 당신에게도 어떤 질문에는 답하지 않을 권리가 있다. 영업상의 비밀 정보, 사내 기밀, 공개를 원치 않는 정보 등이 유출되는 경우가 그렇다. 이런 답변을 요구하는 질문은 강압, 더 나아가 위협으로 여겨지기도 한다. 답변을 원치 않는 질문에 어떻게 반응하면 좋을까? 다시 질문을 던지는 방법이 있다.

* "저도 그 정보에는 접근할 수 없어서요. 의사 결정에 필요한 다른 질문은 없으신가요?"
* "궁금하신 것이 구체적으로 어느 영역, 혹은 제품이지요?"
* "무엇을 알고 싶으신지 다시 말씀해주시겠어요?"

잰의 사례

잰은 엘리베이터 회사의 회계 책임자다. 고객 한 명이 '거래 제안서에 제시된 가격을 항목별로 쪼개달라'고 요구했다. 하지만 그랬다가는 영업상의 비밀 정보가 모두 누출될 상황이었다. 잰은 미소를 지으며 대답했다. "그건 해드릴 수가 없습니다. 부속품별로 가격을 쪼갤 수 없다는 점을 아시지 않습니까? 저희 제안서가 합당한지 판단하기 위해 어떤 정보가 필요하신가요?"

반드시 대답해야만 하는 상황이 아니라면 당신을 이용하려드는 상대에게 'No'라고 말할 수 있다. 상대에게 요구가 적절치 않았다는 점,

당신이 할 수 있는 대답에는 한계가 있다는 점을 알려라. 당신이 모든 질문에 대답해야 하는 것은 아니다.

돈나의 사례

돈나는 기업의 홍보 물품을 공급하는 회사의 사장으로, 고객 회사의 연례 박람회에서 배포할 적절한 기념품을 찾느라 오랜 시간을 투자했다. 마침내 선정된 기념품을 제조업체가 단기간에 더 저렴한 가격으로 공급할 수 있도록 협상해내기도 했다. 그런데 막 주문을 넣으려는 순간 고객 회사에서 전화가 걸려왔다. "돈나, 기념품 두 가지 중 한 가지는 주문을 취소해주겠어요? 펜은 온라인에서 5센트 더 싸게 살 수 있더라고요."

돈나는 세련되게 거절했다. "그럴 수 없습니다. 저는 그동안 들인 노력과 전문적 서비스를 주문량으로 보상받는 것이거든요. 신뢰 관계인 제조업체와도 협상해 최선의 가격을 뽑아드렸습니다. 전체 주문을 그대로 넣으시든지, 아니면 다른 홍보 물품 회사와 다시 논의를 시작하시는 게 좋겠습니다."

지나치게 사적인 질문을 던지는 사람과 만나본 적 있는가? 어째서 직업을 바꾸었는지, 왜 일하다가 다시 학교로 돌아가 공부를 했는지, 이력에 공백기가 있는 이유는 무엇인지, 왜 자녀를 낳았는지, 왜 특정 문신을 했는지, 어느 정치인에게 투표했는지 등등의 질문 말이다.

"남의 일에 신경 끄시지요"라고 말하면 딱 좋을 질문들이다. 하지만 계속 관계를 유지해야 하는 상황이라면, 그리고 말을 해봤자 상대가 훈수만 둘 것이 뻔하다면 다른 전략이 필요하다. 여지를 주지 않는 짧은 답변을 한 뒤 질문으로 대화 방향을 돌려라. 다음과 같은 대처가 가능하다.

* "그 이야기를 하려면 밤을 새워도 모자라겠는데요. 자, 이제 새로운 프로젝트로 들어가볼까요?"
* "제가 답변을 해봤자 다 이미 들어보거나 생각해보신 내용일 겁니다. 자, 앞서 하던 얘기로 돌아갈까요?"

진정 원하는 것을 얻어내려면 다정하고 솔직한 대화가 꼭 필요하다. 하지만 상대와 내 이야기를 어디까지 공유할 것인지는 내가 결정해야 한다. 내 시간과 에너지를 무엇에 어떻게 쓸지 신중히 선택하라.

Tip

'Yes'에 신중하라

텍사스 주지사를 지낸 앤 리처즈(Ann Richards)는 젊은 여성 리더들 앞에서 기부와 헌신을 몇 개 조직에 국한하라고 조언했다. "자신이 변화를 만들 수 없다고 판단되면 'No'라고 답하세요. 모두에게 'Yes'라고 답하며 에너지와 돈을 낭비하지 마십시오. 잔돈푼을 여러 곳에 보내지 말고 진정 가치 있는 몇 곳에 큰돈을 내세요. 그러면 리더의 자격을 얻고 차이를 만들어내는 데 생각보다 훨씬 적은 돈이 필요하다는 것을 알게 될 겁니다.

변할 의지가 없는 사람을 설득할 필요는 없다

남들의 의견을 고려조차 하지 않는 사람에게 요청해본 경험이 있는가? 이런 사람은 자기 의견 외에는 아무것도 들으려 하지 않는다. 그리고 대개 특정 정치인, 종교, 스포츠의 열렬한 지지자다. 이런 사람이 귀를 기울인다면 그건 상대가 틀렸고 자기가 옳다는 것을 보여주기 위해서일 뿐이다.

직장에서 이런 독선적인 사람에게 무언가 요청해보면 "그건 한 번도 해보지 않은 일이야", "잘 굴러가는 일을 구태여 바꿀 필요는 없어", "과거에 뭔가 바꾸려고 했지만 소용없었어" 같은 대답이 나온다. 회의적이고 부정적인 이런 사람들은 자신이 옳다고 고집하며 어떤 변화든 실패를 가져올 뿐이라고 말한다. 자기 방식이 아니면 다 싫다는 것이다.

이런 사람에게 어떻게 새로운 무언가를 시도하도록 요청할 수 있을까? 우선 그 가능성을 검토 혹은 고려해볼 의사가 있는지부터 물어보라.

* "더 나은 결과를 가져올 대안이 있다면 그 대안을 검토해보실 수는 있나요?"
* "동일하거나 더 높은 수준의 서비스가 가능하다면 다른 운영 방식을 고려하실 수 있나요?"

검토 혹은 고려 의사가 있다고 대답한다면 일단 합의 하나는 이룬 셈이다. 나중에 다시금 "그런 방법은 절대 안 돼"라든지 "제정신이라면 아무도 그렇게는 안 해"라는 말이 나온다면 처음의 합의를 상기시켜라. "잠깐만요. 대안을 고려하겠다고 하셨잖아요. 지금 당장은 아무것도 바꾸지 않아요. 그저 대안이 효과적일지 검토하자는 겁니다."

가능성을 검토하자고 하는데 'No'라는 대답이 나온다면 명료화를 시도하라. "더 나은 방법이 있어도 검토하거나 고려할 생각이 없으신 거죠?" 그러면 생각이 있다는 답변이 나올 수도, 없다는 답변이 나올 수도 있다. 상대가 자기 입장이나 통제권을 지키려고만 한다면 묻기를 중단하라. 예를 들어 "자네가 어떤 말을 해도 내 마음을 바꿀 수는 없어. 난 지금 잘 굴러가는 일을 괜히 건드릴 생각이 없다고"라고 말하는 사람이라면 더 물을 필요가 없다.

변화할 의사가 없는 사람을 설득하느라 시간을 낭비하지 말라. 시도했다면 그것으로 됐다. 알았다고 대답하고 끝내도 충분하다. 나중에라도 "근데 어떤 대안이 있나? 어떤 방법에 대해 말하려고 했지?"라는 질문이 나온다면 "개선 방법에 관심이 전혀 없다고 분명히 말씀하셨습니다. 저는 그 결정을 존중합니다"라고 답하면 된다.

30

계속 요청해야 할 때와 그만두어야 할 때

상대를 계속 설득해야 할지, 아니면 시간 낭비를 하지 말아야 할지 결정하는 기준은 무엇일까? 일단 상대가 내 요청을 경청하고 있는지부터 확인하라. 경청하고 있다면 계속해야 한다. 아니라면 그만두고 그 자리를 떠나라.

상대가 다음과 같은 행동을 한다면 요청을 계속해도 좋다. 긍정적인 방향으로 상황을 끌고 가보자.

* 당신에게 결론이나 생각에 도달하게 된 과정을 설명해달라고 한다.
* 경청과 공감, 고려의 몸짓 언어를 보여준다.
* 동의하지 않는 지점이 있지만 무례하게 굴지는 않는다.
* 이성적이고 존중하는 태도로 정보를 공유한다.

* 새로운 정보나 통찰력을 제공한다.
* 동의하지는 않지만 계속 귀를 기울이고 대화에 참여한다.
* 알게 모르게 의사 결정 과정이나 참여자에 대한 정보를 흘려준다.
* 함께 일해보고 싶은 생각은 있지만 아직 확신이 부족한 상태라고 말한다.

생산적인 상호 작용이 이루어지지 못하고 논의가 제자리를 맴돈다면 그만두어야 한다. 다음과 같은 상대 앞에서는 중단하라.

* 'Yes'라고 대답할 힘이 없고 'Yes'라는 대답이 나오게끔 영향을 미치지도 못하는 존재이다.
* 불쾌감을 주고 무례하거나 모욕적인 행동을 하기 시작한다.
* 고집을 부리면서 그 어떤 변화도 거부한다.
* 떠날 준비를 한다. "더 이상 여기에 시간을 쓸 수 없군요"라고 말한다.
* 거짓말을 한다. 이 상황에서도 대화를 계속한다면 충분히 주의를 기울이도록 하라. 상대가 하는 약속이나 발언의 증빙을 요구하라.
* 당신의 태도가 안 좋다거나 실수를 저질렀다는 식으로 몰아붙인다.
* 정보를 얻어내려고만 하고 아무것도 공유하려 하지 않는다.
* 사방에 장애물을 설치해 당신이 갈 길을 막는다.

이럴 경우 "잠깐 쉬었다 합시다" 혹은 "나중에 다시 말씀 나누도록 하죠"라고 말한 후 그냥 그 자리를 떠나면 된다.

스스로를 가로막는 마음과 객관적인 위험 가능성을 구분하기는 어렵지 않다. 상대의 행동에서 위협과 경계심을 느끼게 된다면 "시간이 벌써 이렇게 되었군요. 죄송합니다. 가봐야겠어요"라고 말하라. 직감이 위험 신호를 보낼 때 이를 무시하지 말라. 자리를 떠라.

묻기에도 '잠깐 멈춤'이 필요한 때가 있다

상대에게 약점을 보이지 말라는 말은 옳다. 절제되고 논리적인 모습 대신 분노와 불안을 드러내면 협상에서 불리한 입장에 서게 된다. 그런 순간에는 잠깐 멈춤 시간을 가져라. 감정 관리가 필요한 경우 3단계 전략을 동원하라145쪽 참조.

감정적 동요가 있을 때 적절한 어휘로 대화하기는 쉽지 않다. 상대의 반응, 부정적인 행동, 반감을 불러일으키는 대답 등에 당면해서도 침착함과 냉정함, 그리고 통제감을 유지하라. 명료화를 통해 상대에게 상황을 인식시켜야 할 수도 있다. '무엇'과 '어떻게' 질문을 활용하라. 때로는 묻기에 앞서 명료화를 더 진행해야 할지도 모른다.

도움을 요청했는데 무시당하거나 거절당하는 상황 역시 논의가 이뤄지지 못하는 때만큼이나 실망스러울 것이다. 하지만 주어진 업무나 역할을 제대로 해내지 않는 동료 혹은 부하만큼 실망스러운 것은 없다. 당신이 의지하는 사람들이 실망을 안겨주는 상황이기 때문이다.

대니의 사례

오전 7시 45분이었다. 15분 후인 8시 정각에 회의가 시작될 예정이었지만 대니 외에는 어느 팀원도 나타나지 않았다. 일찍 와서 회의실 준비를 돕겠다고 했던 팀원들이 말이다. 누구는 딸이 아파서, 누구는 늦잠을 자서, 또 누구는 길이 막혀서 못 온다고 했다.

약속을 한 후 지키지 않은 적이 많은 동료 혹은 부하라면 미리 대안을 마련하라. 최악의 상황을 예상하고 준비하는 것이다. 그것 때문에 당신의 약속이나 명성, 성과가 망가지지 않도록 하라. 최선을 기대하고 최선의 상황이 일어났다면 축하하라. 누군가 자기 역할을 제대로 해내지 못하는 것, 약속을 지키지 않는 것을 당신이 변화시킬 수는 없다. 하지만 어떤 요청을 하고 어떤 반응을 보일지는 선택할 수 있다.

재닛의 사례

재닛은 중요한 프로젝트에서 동료 폴이 제시간에 보고서를 주지 않아 속이 상했다. 폴은 할 일이 많아 그렇다면서 순서대로 처리하겠다고 했다. 재닛은 "시스템 디자이너와 나는 내일 오후 1시까지 보고서를 받아야 오후 2시 회의를 준비할 수 있어요. 회의에서 저는 당신이 매주 이 보고서를 만들어주기로 합의했다는 점을 분명히 밝히겠어요. 당신이 매주 화요일에 주기로 약속했다고 말해도 될까요?"라고 물었다. 폴에게 선택권을 준 것이다.

재닛은 어떤 대답이 나오든 그대로 회의 때 전달할 생각이었다. 안 된다는 답이 나오는 경우 회의에서 다른 방법을 강구해야 했다. 그리고 만약 약속한 때에 맞춰 보고서를 주지 않는다면 폴은 모두의 업무에 차질을 빚고 신뢰를 잃게 될 터였다.

로빈의 사례

로빈은 탁월한 고객 서비스 능력을 인정받아 매니저로 승진했다. 하지만 직원들의 반응은 시큰둥했다. 직원들은 로빈의 지시를 제대로 따르지 않았고 업무도 엉망이었다. 부탁하고 읍소하고 위협도 해보았지만 소용이 없었다. 로빈은 결국 관리자의 입장에서 결단을 내렸다. 직원들에게 업무 책임을 강조하고 역할을 다하지 못한다면 그만둬야 할 것이라고 분명히 밝힌 것이다.

로빈의 사례에서 문제는 관리 업무가 아니라 로빈 개인의 특성이라고 보는 독자도 있을 것이다. 동료였던 직원이 승진해 지시를 내리는 상황이 될 때 승진한 사람에게는 코칭, 카운슬링, 의사소통 등의 리더십 역량이 부족하기 쉽다. 요청하고 동의와 열정을 이끌어내는 능력은 리더에게 무엇보다 중요하다.

가장 시급히 개선되어야 할 부분은 실적 관리와 훈련 방식이다. 《처벌 없는 훈련Discipine without Punishment》의 저자 딕 그롯Dick

Grote 은 '용기를 내라. 요청에 따르지 않는 사람은 요구 수준이 충분히 낮은 다른 직장을 찾도록 해야 할 것이다'라고 조언한다.

우리 삶과 직장은 예상 밖의 일로 가득하고 그 모두가 반가운 종류인 것은 아니다. 고용을 위협하는 상황이 발생하면 사적으로 공격당한 것처럼 느껴질 수 있다. 훈육, 낮은 실적, 근무 태만, 해고 등의 단어가 오르내리는 상황에서 긍정적인 자세를 유지하고자 애쓴 경험이 있는가? 가까운 미래에 이런 어려운 대화가 있을 것 같다면 3단계 전략을 참고해 마음의 준비를 하라.

어려운 대화를 한 번도 경험한 적 없다고? 그렇다면 이유가 무엇일까? 실적이 워낙 뛰어나서? 리더십 문제로 솔직한 피드백이 오지 않아서? 안전만 추구하는 성향으로 인해 더 많은 책임을 요구하지 않거나 적절한 위험 부담만 지기 때문은 아닐까?

31

"돼지와 몸싸움을 벌이지 마라."

정책 논의, 의사 결정 같은 핵심 대화에 끼이지 못하는 경우 원하는 것을 강력하게 요청하기란 사실상 불가능하다. 따돌림이 의도적이든 그렇지 않든 당신은 중요한 정보와 통찰에서 배제되어버린다. 장소도, 시간도, 규칙도 모르는 게임에 어떻게 참여할 수 있겠는가?

개인적 의사소통 문제나 기술적 오류가 없는데도 계속 의사 결정 과정에서 빠져 있을 수 있다. 다음과 같은 상황이라면 당신이 배제되고 있다는 뜻이다.

* 행사, 모임, 회의 등에 참여하겠다는 의사를 밝혀도 무시당한다.
* 비공식적인 대화나 모임에 끼지 못한다.
* 중요한 연락이나 이메일을 받지 못한다.

* 업무 과정에 도입되는 새로운 기준이나 변화를 전달받지 못한다.

* 공식 회의나 사전 준비 회의에 참석하지 못한다.

남들이 당신을 대화에서 배제한다고 느낀 적이 있는가? 의사 결정 과정에서 흔히 상대가 당신의 요청에 응답하지 않는다거나 당신을 대화에 끼워주지 않는 형태로 일어날 수 있다.

배제당하는 방식은 다양하다. 대화 자리에 함께 있기는 하지만 발언을 무시하거나 방해하는 형태일 수도, 말 많고 힘 있는 누군가가 회의를 주도하면서 당신의 요청이나 의견을 묵살해버리는 형태일 수도 있다. 당신이 이런 식으로 배제당한다면 어떻게 대응할 수 있을까?

프랜의 사례

프랜은 신규 투자자의 이력을 검토하지 않고 투자 프로젝트를 진행하는 것이 걱정스러웠다. 선정 팀에게 우려를 전했더니 "이 투자 건은 꼭 성사시켜야 해요. 다른 사람은 아무도 문제 삼지 않는데 왜 혼자 그러는 거죠?"라는 반응이 나왔다.

프랜은 자신의 요청이 충분히 타당하다고 생각해 다시 말했다. "신중하게 접근해야 합니다. 우리에게는 회사와 다른 투자자들의 이익을 최대한 고려해야 하는 책임이 있어요. 새로운 투자를 받기 전에 두 번 세 번 검토해야 하지 않을까요?" 책임을 강조한 발언이 효과를 거두었다. 프랜은 신중히 투자자 이력을 검토했고 우려는 옳았던 것으로 판명되었다.

부정적인 사람에게 당신 머릿속 자리를 내주지 마라

배제되는 상황을 극복하고 숨겨진 논의에 접근하려면 내부의 사람들과 한 번에 한 명씩 연합을 형성하라. 회의 공지를 당신만 받지 못했다면 그 정보를 전해줄 수 있는 누군가를 찾아라. 회의가 잡히는 요일과 시간이 주로 어느 때인지 살펴라. 일대일로 대화하며 명료화 질문을 던져라.

당신의 능력이 저평가되는 탓에 신뢰를 못 받는 것인지도 모른다. 그렇다면 이를 활용하라. 과감하게 묻기에 나서면 사람들이 의혹을 내려놓고 더 많은 정보를 제공할 수 있다.

당신의 전문성과 경험이 제대로 파악되지 못한 상태일 수도 있다. 그래도 괜찮다. 너무 많은 사람들의 비위를 맞추는 것은 성공의 걸림돌이 되기도 한다.

사람들이 제가 순진하다고 생각하게 놔둬요. 그 사이에 원하는 것을 얻고요. 상사는 제가 키도 작고 어려 보여 멍청하다고 여기지만 괜찮아요. 그게 저한테는 도움이 되니까요. 제가 뭔가 요청할 때 딱히 반대도 하지 않더라고요. 저를 만만하게 보지 않았다면 여러모로 힘들었을 거예요.

당신의 요청을 달가워하지 않는 이들이 있다. 모두가 당신을 좋아하거나 당신의 요청을 받아들여주지는 않는다. 하지만 이것이 나쁜 일은 아니다. 모두에게 사랑받을 필요는 없다. 모르는 사람이나 거의 만나지 않는 사람이라면 더욱 그렇다. 모르는 이들의 판단이 당신의 보수를 결정하지는 않는다. 당신이 상대의 생각을 바꿀 수도 없다. 그러니 알아서 생각하도록 내버려두고 더 잘 통하는 상대를 찾아 나서라.

이와 관련해 세일즈 전문가인 카렌 앤 바이어스 홀이 동생인 나에게 해준 냉정한 조언이 있다.

누군가 널 좋아하지 않을 때 그 마음을 바꿀 방법은 없어. 너도 다른 사람에 대한 네 의견을 구태여 바꿀 마음이 없잖아? 어차피 네가 할 수 있는 일이 없으니 그냥 내버려둬. 하지만 너를 좋아하는 사람의 경우에도 마찬가지라는 건 좋은 일이지. 그 마음 역시 쉽게 바뀌지 않는 법이거든.

비판적이고 부정적이고, 더 나아가 해악까지 끼치는 사람을 만났다면 그 모습에 전염되지 않도록 주의하라. 그는 그대로 나름의 문제

> **Tip**
>
> ### 의사 결정 과정에서 해악을 미치는 사람을 상대하는 법
>
> 청소년기의 미성숙한 모습 그대로 성장한 사람을 겪어본 적이 있는가? 비열했던 아이는 커서도 남이 잘못되기만을 바라는 비열한 성인일 가능성이 크다. 극단적 자아도취에 빠져 있거나 양심이라고는 찾아볼 수 없는 사람도 존재한다. 이런 사람을 상대해 이기기는 무척 어렵다. 방법이 아주 없는 것은 아니다. 아래를 참고해보라.
>
> * 이런 사람 앞에서 요청이나 답변을 할 때는 감정을 배제하고 사무적으로 접근하라.
> * 개인 정보나 약점을 노출해 이용당할 빌미를 주어서는 안 된다.
> * 어떤 대화에서든 명료화 질문을 통해 스스로를 보호하라.
> * 서면 답변을 요구하라. 전문 상담가나 코치, 멘토 등에게 도움을 요청해 전략을 짜도 좋다.

를 갖고 살면 그만이다. 그 사람에게 당신 머릿속 자리를 내주지 말라. "돼지와 몸싸움을 벌이지 말라. 둘 다 흙투성이가 될 텐데 그걸 좋아하는 건 돼지뿐이다"라는 텍사스 격언을 기억하라.

고도의 압박 전술은 장기적 인간관계 형성에 전혀 도움이 되지 않는다. 생각해보라. 억지로 합의하게 된 사람이 기꺼이 그 합의를 지켜나갈 수 있겠는가? 장기적 관계를 만들고자 하기는커녕 빠져나갈 기회만 엿볼 것이다.

'No'라고 말하거나 무의미한 대답만 하는 상대라면 어디 하고 싶은 대로 해보라고 일침을 가할 수도 있다. 혹은 별 상관하지 않고 상

대 행동을 무시할 수도 있다. 원치 않을 경우 굳이 상대의 잘못을 꼬집어 말할 필요는 없다. 물론 말할 경우 상대가 전략을 바꿀 수는 있겠지만 말이다.

상대의 의견을 거듭 확인하라. 명료하지 않은 답변이 나오면 다시 물어라. 내 목적에 집중하라. 반격을 시도하기보다는 내 입지를 지키는 편이 훨씬 유리하다.

묻기의 경로를 조정하는 방법

요청할 때 최후 통첩 등의 괜한 술수를 쓰지 말라. 충분히 준비가 되어 있지 않은가. 고함 지르기, 한숨 쉬기, 눈알 굴리기 등 상대를 감

Tip

묻기에 흔히 동원되는 술수들을 간파하라

다음은 의사 결정 과정에서 사람들의 감정적 동요를 일으키기 위한 술수들이다. 사전에 이를 간파해두어야 상대에게 휘말리지 않을 것이다.

* 한숨 쉬기, 눈 굴리기 등으로 마음을 불편하게 하고 요청 내용에 의문을 품게 만든다.
* 갑자기 상사의 확인이 필요하다고 나온다.
* 선악 대비 구도를 만든다. 자기는 선한 쪽이고 상대는 악하고 인정사정 보지 않는다고 여긴다.
* 당신의 요청 정도를 낮추려 하거나 요청 수락 후 대가를 얻으려 한다.

정적으로 자극하기 위한 아마추어적인 행동도 하지 말라. 상대가 그런 행동을 보일 때 얼마나 신뢰가 떨어지는지 생각해보라.

일단 큰 요청으로 시작해 조금씩 물러나라. 반대로 조금씩 조금씩 큰 것을 요구한다면 상대가 짜증을 내며 떠나버릴 위험이 있다. 어떤 요청을 하든 뒷받침을 해야 한다. 섣부른 속임수는 필요 없다. 거의 효과가 없기 때문이다. 상대가 어떻게 나오든 존중하는 태도를 유지하라. 상대의 불량한 행동은 결국 자승자박이 될 것이다.

단 하나의 경로에만 매달려 상대를 끌어당기지 말라. 목적지에만 도달할 수 있다면 경로는 얼마든지 계획과 달라질 수 있다. 유연성을 발휘해 여러 가능성을 받아들여라. 실수를 저질렀다면 잘못을 바로잡고 경로를 조정하라.

32

묻기를 허락받지 마라, **스스로 묻기를** 허락하라

큰 이권이 걸린 요청일수록 더 많은 사람들이 관여되고 협상의 여지도 많다. 큰 거래가 부담스러워 회피하는 이들도 있지만 사실 작은 기회를 여럿 처리하는 것이 더 힘들고 보상도 더 적다. 어렵더라도 해내는 것이 중요하다.

이 장에서 소개되는 전략과 조언은 큰 이권이 걸린 요청을 이미 해낸 사람들로부터 나온 것이다. 과감하게 묻는 이들의 방식을 살펴보라. 그리고 당신의 묻기 결과를 개선하는 데 도움이 될 전략이 무엇일지 생각해보라.

부담스러운 거래를 회피하지 않는 전략

큰 이권이 걸려 있다는 것은 대개 큰 금액의 돈이 좌지우지된다는 뜻이다. 이런 요청을 제대로 해내면 지금보다 더 많은 수입을 올릴 수 있다. 탁월한 성과를 얻기 위해서는 지금과는 다른 것을 다른 방식으로 물어야 한다.

> 상사들은 200만 달러 미수금을 해결하겠다는 요청을 승인했지만 과감한 묻기는 여전히 제게 과제로 남아 있었죠. 딜러에게 전화를 걸어 저희한테 주지 않은 돈을 보내달라고 했습니다. 그랬더니 그날 밤 바로 돈이 송금되더군요.

큰 이권이 걸린 중대 요청을 할 때는 더 많은 준비가 필요하다. 각 당사자의 입장을 고려할 뿐만 아니라 추가적으로 이해관계, 관심사, 목표 등을 인식해야 한다. 이해관계를 조금 더 상세하게 다각적으로 파고드는 일이 부담스러워 두 손을 들어버리지는 말라.

한편으로 이권이 크게 걸린 경우 사소한 부분에는 상대적으로 관심이 덜 가기 때문에 오히려 합의가 쉬울 수 있다. 1만 달러는 아주 큰 금액이지만 100만 달러짜리 거래 요청인 경우 1만 달러 정도의 증감은 별 문제가 되지 않는다.

요청을 잘게 나눠라

요청의 달인들은 이권이 크고 복잡한 기회를 여러 요청으로 나누어 일정 기간 동안 다수의 사람들을 상대로 실행한다. 큰 이권이 걸린 기회에는 인내심, 성실성, 그리고 세부 사항에 대한 꼼꼼한 고려가 필요하다. 세부 사항이 중요한 요청이라면 조금씩 조정되어가는 내용을 잘 추적해야 한다. 큰 요청을 어떻게 작은 요청들로 나눌 것인지에 집중하라.

바이런의 사례

대규모 방위 산업 계약 전문 엔지니어인 바이런은 군과 나사가 보유한 비행기의 성능 개선을 제안하는 일을 한다. 거래 액수가 어마어마한 이들 계약에서 바이런은 높은 성공률을 자랑한다. 군이 일단 성능 개선을 결정하기만 하면 바이런의 회사와 계약하기 때문이다. 그 비결은 무엇일까?

"저는 공군의 요구 사항을 숙지하고 원하는 것을 정확하게 제공합니다. 어떤 질문에든 다 답변할 수 있죠. 해결책도 구체적으로 보여주고요. 해결책에 대해 논의할 때는 어려운 기술 용어 대신 쉽고 분명한 단어를 사용합니다. 요청받은 것과 다른 해결책을 내놓을 경우에는 이를 별도의 제안으로 처리합니다."

가치를 강조하라

큰 이권이 걸린 요청을 하려면 어느 정도의 확신과 배짱이 필요하다. 지위나 보상을 크게 요구하는 경우 당신이 회사에 더해준 가치를 보여줘야 한다. 얼마나 중요한 기여를 했는지가 핵심이다. 유례없는 보상과 결과를 얻어내려면 제대로 강조해야 한다.

성과 높은 사람에게 계속 동기 부여를 하려면 제대로 된 보상과 혜택, 더 나아가 권리가 주어져야 하는 법이다. 당신의 기여는 당신이 생각하는 것보다 더 높은 가치를 지녔는지도 모른다.

> 이 사업을 제가 시작하지는 않았지만 키우는 데는 크게 기여했습니다. 그래서 절반 이상의 지분을 요구했죠. 창업자는 거절했습니다. 통상적인 요구가 아니었거든요. 하지만 이사회는 제 공헌과 리더십을 인정해 소유 지분을 대폭 늘려주었습니다.

> 대표 직함을 내놓는 대신 수백만 달러 수준의 퇴직금을 요구했습니다. 그리고 얻어냈죠!

《리더처럼 소통하기Communicate Like a Leader》를 쓴 의사소통 전문가 다이애나 부허Dianna Booher는 "모욕감과 자기 확신이 서로 배타적인 존재는 아니다. 자신을 제대로 평가하려면 모욕감과 자기 확신 둘 다 필요하다"라고 하였다.

규범에 도전하라

요청의 달인들은 기존의 관례에 도전한다. 늘 그래왔던 식으로 비즈니스를 하지 않는다. 요청의 달인들은 남들을 이끌고 새로운 접근법을 제안하는 존재로서 보다 창의적으로 사고한다. 거기서 얻어지는 성과, 혹은 시도 자체는 더 높은 수준의 의사 결정자, 가장 중요한 존재에게 인식된다. 밀고 나아가겠는가, 아니면 하던 생각을 접고 물러서겠는가? 어쩌면 지금이 깃털을 당당하게 뽐내야 할 시점인지도 모른다.

수이의 사례

뉴욕의 글로벌 조사 업체의 중역 채용을 의뢰받은 리크루팅 전문가 수이는 고객사에 과감한 질문을 던졌다. "이 직책에 무슨 문제가 있나요? 아니면 회사에 문제가 있나요? 제대로 된 후보가 없고 정착을 돕는 시스템도 미비한 이유가 무엇이죠?"

높은 이직율과 사내 인력의 능력 부족도 지적했다. "고객사 입장에서는 제 과감한 질문이 당황스러웠을 겁니다. 더군다나 곧바로 답변을 요구했으니까요." 하지만 수이는 고객의 신뢰를 얻어낼 수 있었다. 적당한 선에서 주어진 일만 끝내고 보수를 받겠다는 생각을 버린 덕분이었다.

물론 나중에 용서를 구할 준비는 되어 있어야 한다. 모든 사람이 관례를 깬 접근 방식을 환영하는 것은 아니니까 말이다.

데이비드의 사례

자동차 딜러인 데이비드는 매출 정체 상황을 타개해야 했다. 그래서 대규모 기업 판매를 기대하면서 렌터카 업체에 접촉해 50대 규모의 계약을 체결했다. 그런데 얼마 후 렌터카 업체는 자동차 2000대, 총 4000만 달러 규모로 주문을 늘렸다. 생애 최고 기록이었다. 데이비드는 바로 공장 측에 연락해 주문받은 자동차 2000대의 생산을 요청했다.

하지만 예상과 달리 공장 측은 감사 인사 대신 그 정도 대형 거래는 딜러를 통하지 않고 직접 해야 한다고 답변했다. 몇 번 설득해도 효과가 없자 데이비드는 자동차 생산 업체 사장에게 직접 전화를 걸어 당장 발주를 준비해달라고 요청했다.

통화 다음날 데이비드는 자동차 생산 업체 사장, 판매 담당 이사, 생산 담당 이사와 만났다. 업체 측은 어째서 렌터카 회사가 관례대로 직접 대규모 발주를 하지 않고 데이비드를 통했는지 궁금해했다. 데이비드는 "저도 그걸 물어봤습니다. 그랬더니 자동차 생산 업체에는 연락을 해도 답변이 통 없었다고 하더군요. 차량을 대규모로 사들여야 하는 상황인데 마침 제가 연락을 했던 거랍니다. 제 직업은 차를 판매하는 딜러입니다. 더 많은 차를 팔 수 있는데 거절할 이유가 없지 않습니까."

그렇게 하여 데이비드는 4000만 달러 매출을 올렸고 이후 또다시 4000만 달러 계약을 따냈다. 성과급은 상당했고 승진도 했다. "올해 목표는 1만 5000대 판매입니다. 매일같이 비즈니스 기회를 찾는 중이고요."

압도적인 조언

당신이 아끼는 누군가에게 성과 개선을 위해 조언하는 상황이라면 무슨 말을 하겠는가? 설문 응답자들은 역할극과 사례 제시를 방법으로 제안했다. 그리고 위험 부담을 지고 묻기를 망설이지 말라는 조언이 압도적으로 많았다.

두렵더라도 기꺼이 묻고 요청해야 합니다.

요청하지 않은 것을 얻을 수는 없습니다.

일어날 수 있는 최악의 상황이 대체 뭘까요?

묻기를 허락받지 말라

두려움과 장애물을 이미 인정하고 돌파 전략도 시도했지만 정말로 원하는 것을 요구하지 못하는 상태일 수 있다. 왜일까? 요청이 기꺼이 받아들여질 때만 과감하게 물을 수 있다고 여기는 것은 아닐까?

묻기를 허락받길 기다리고 있는가? 다음 질문에 답해보라.

* 친구나 동료들을 상대로 의견 조사를 하는 중인가?
* 완벽한 확신을 안겨줄 기사, 책, 웹사이트 등의 정보를 찾고 있는가?
* 가능한 상황을 여럿 그려보고 장단점 분석도 했지만 행동은 하지 못하는 상태인가?
* 누군가가 허락해주기를 기다리고 있는가?

동조하는 친구들이 있다는 건 도움이 된다. 하지만 동조가 꼭 필요할까? 여러 사람의 의견을 조사하는 당신의 방식은 너무 많은 노력을 필요로 한다. 권위를 지닌 윗사람 혹은 전문가의 허락을 기다리는가? 더 이상 머뭇거리지 말라. 과감한 묻기는 이미 허락된 일이다. 진정 원하는 바를 얻기 위해 필요한 자료, 노력, 재능을 얼마든지 활용해도 좋다.

자신이 진정 원하는 것이 무엇인지 안다면 더 이상 꾸물대지 말고 스스로에게 묻기를 허락하라. 그리고 성공을 거둬라.

Change Up

묻도록 독려하기

당신이 이끄는 사람들이 다른 조직이나 부서 사람 누군가와 만나 커피를 마시거나 점심을 먹도록 하라. 또한 당신과 함께 전략 회의에 참석하도록, 가능하다면 회의에서 당신 역할을 대신해보도록 하라. 참석 전에 목표를 정하게 하고 요청하는 모습을 지켜보라. 그리고 동료들 앞에서 그 경험을 발표하도록 하라.

과감한 요약

* 사람들은 교육과 경험의 차이, 배경이나 재산 차이를 인식하기 시작하면서 원하는 바를 묻지 못하게 된다. 지위가 높고 권위를 지닌 누군가에게 잘못 물었다가는 망신당할지 모른다고 생각하고 두려워하기 때문이다.
* 과감하게 묻기는 절차와 서열을 무시하고 최고 지위의 사람에게 다가가라는 뜻이 아니다. 그렇게 할 경우 자칫 잘못하면 아래쪽 의사 결정 단계에 위치한 사람이 모욕감을 느껴 당신의 성공 가능성을 없애버릴 수 있다.
* 절대로 'Yes'라 대답하지 못하는 이들을 주의하라. 공손한 태도로 도움을 청하고 관심이 많다는 신호를 보내지만 결국 시간 낭비만 시킬 뿐이다. 이들은 'No'라고 못하는 것처럼 'Yes'라고도 하지 못한다.
* 호기심을 유지하라. 상대의 마음은 읽을 수 없다. "이 문제를 논의할 가장 좋은 방법은 무엇일까요?" 혹은 "여기서 어떤 일이 일어나면 좋겠어요?"라는 질문은 늘 유익하다.

현명한 질문

* 내 묻기의 장애물은 무엇일까? (교육 수준, 경제적 지위, 외모에 자신이 없는가?)
* 내가 어떻게 보일지, 호감을 줄 수 있을지 걱정인가? (걱정은 멈춰라. 의사 결정자가 자신의 가장 귀중한 자원인 시간을 당신에게 내주고 있다면 이미 당신의 가치는 인정받은 셈이다.)
* 약속만 하고 실행하지 않으면서 내 시간을 낭비하게 만드는 사람은 누구인가?

질문 목록

* 상점 매니저를 불러 달라고 해 쇼핑 경험의 긍정적, 부정적 측면을 알려줘라.
* 늘 의무적으로 동의하던 일에 '이제는 참여하지 않겠다'고 말하라. (말하고 나니 어떤 기분인가? 배신자가 된 것 같은가?)
* 리더들을 찾아가라. 권위를 지닌 이들이 의사 결정 내리는 모습을 관찰하라.
* 더 알고 싶은 리더들을 점심이나 아침 식사에 초청하라. 모임을 정례화하고 서로가 더 나은 요청과 의사 결정을 할 수 있도록 도와라. 그리고 서로의 성공담을 공유하라.

Ask

협상은 곧 요청이다. 최고의 협상가들은 상대가 일선의 직원이든 최고경영자든 존중하며 편안하게 대한다. 그리고 언제나 어디서나 질문을 던진다. 요청을 할 때는 어떤 의사소통 방식이 상대에게 가장 효과적일지 고려하라. 상대가 반응하는 모습을 관찰하라. 특정 의사소통 방식을 선호하는 것이 드러났다면 거기 맞춰 접근할 수 있다. 기억하라. "한 가지 묻기 방식이 언제나 통하는 것은 아니다."

5부

Ask

120%, 최고의 협상가에게 배워야 할 것

33 모두에게 통하는 방식은 세상에 없다

상대를 더 잘 알수록 더 좋은 관계를 맺을 수 있다. 상대의 삶에 대해, 배경에 대해, 업무에 대해, 관심사에 대해 물어보라. 그 대답을 통해 어떤 생각을 많이 하는지, 어떤 선택을 내리는지, 정보를 어떻게 처리하는지, 무엇을 중시하는지 파악할 수 있다.

요청을 할 때는 어떤 의사소통 방식이 상대에게 가장 효과적일지 고려하라. 상대가 반응하는 모습을 관찰하라. 특정 의사소통 방식을 선호하는 것이 드러났다면 거기 맞춰 접근할 수 있다. 논리와 관계 중 무엇을 중시하는지, 내향적인지 외향적인지 이해하고 나면 의사소통과 관계 맺기가 더 쉬워진다. 기억하라. "한 가지 묻기 방식이 언제나 통하는 것은 아니다."

의사소통하고 요청하게 될 때 모두에게 들어맞는 방식은 없다. 동일한 사실, 수치, 조직이 관련된 요청이라 해도 의사소통 특징이 서로 다른 다양한 사람들이 관여하게 마련이다.

한 가지 묻기 방식이 늘 통하는 것은 아니다

의사소통하면서 상대에게 통하는 방법이 무엇일지 호기심을 갖고 접근하라. 상대의 말과 기질을 관찰하라.

* 당신과 더 좋은 관계를 맺게 되는 사람은 누구인가?
* 잡담이 필요한가, 아니면 쓸데없는 말을 싫어하는가?
* 사실 관계에 초점을 맞추고 세부 사항을 준비해야 하는가?
* 요약, 핵심 사항, 필요성을 제시하는 것이 얼마나 중요한가?
* 상대가 밝고 긍정적인 접근을 좋아하는 사람인가?
* 성찰할 시간을 원하는가, 아니면 신속하게 의사 결정을 내리고 싶어 하는가?

어떤 상대를 만나든 그 상대가 원하는 의사소통 방식을 신속하게 파악할 수 있다면 묻기 능력이 대폭 향상된다. 누구나 당신과는 다른 부분이 있다는 점을 기억하라. 가족, 특히 형제자매를 떠올려보라. 같은 환경에서 같은 음식을 먹고 같은 학교를 다니며 자랐지만 생각하고 소통하는 방식은 다 다르지 않은가? 일란성 쌍둥이라 해도 자질과 능력은 다르게 마련이다.

상대에게 어떻게 물어야 할지 신속히 판단하기 위한 기준으로 다음 네 가지 유형을 제시할 수 있다.

결정하려는 사람

진지하고 효율성을 중시하는 유형이다. 행동 지향적이고 결정을 내리고 싶어 한다. 큰 그림을 보면서 신속하게 핵심을 파악한다. 도전적인 질문을 좋아한다. 이 유형은 불필요한 세부사항을 지루하게 늘어놓는 것을 싫어한다. 시간을 낭비하게 하지 말라.

단도직입적으로 묻고 핵심 근거를 대라. 감정보다 논리를 내세워라. 이 유형은 권위자 역할을 추구한다. 앞서 언급했던 의사 결정자를 상대할 때의 소통 방식을 참고하면 도움이 될 것이다. 이들에게는 아래와 같이 질문해보라.

* "어떤 문제든 제기할 수 있다면 무엇을 말씀하시겠어요?"
* "어떤 상황을 성공적이라고 보시나요?"

직관적 느낌을 중시하는 사람

사교적이고 사람들과 잘 어울리는 유형이다. 재미와 관계를 중시하며 남들을 독려하고 영감을 주고 싶어 한다. 모임에 활력을 주고 분위기를 띄우는 사람이다. 이 유형은 사람들과 관련 없는 지루한 사실과 정보를 싫어한다.

남들을 격려할 창의적인 방법에 대해 물어보라. 아무도 생각지 못할 해결책과 의사소통 방법을 알려줄 것이다. 다음과 같이 요청을 해볼 수도 있다.

* "여기 분위기를 띄울 창의적 방법이 있나요?"
* "이 딱딱한 주제를 어떻게 재미있게 다룰 수 있을까요?"

인간관계를 조화시키는 사람

이 유형은 다정하고 공감을 잘 해준다. 요청이 사람들에게 혜택을 주는지, 예의와 배려를 갖춰 제기되었는지를 중시한다. 이 유형은 속임수나 무례함을 싫어한다. 절차를 무시했다가는 요청이 받아들여질 기회를 영영 걷어차버리는 꼴이 될 것이다.

요청이 여러 사람에게 어떤 영향을 미칠 것으로 예상하는지 물어라. 이 유형은 사람들이 어떻게 느낄지, 다른 이들은 무엇을 더 원할지 본능적으로 알고 있다. 이들에게 다음과 같이 요청해보면 어떨까?

* "사람들의 태도를 바꿀 새로운 소식은 없나요?"
* "사람들의 노력을 인정하려면 무엇을 해야 할까요?"

사실 관계를 중시하는 사람

이 유형은 체계와 과정에 익숙하며 배우기를 좋아한다. 사실 관계를 잘 확인하고 반영하여 만든 해결책이라면, 그리고 효율성이 높아질 것으로 예상되면 요청을 받아들일 가능성이 높다. 이 유형은 검증 과정이나 체계적 절차 없이 서둘러 내놓는 요청을 싫어한다. 필요한 정보가 잘 정리되지 않은 질문도 사절이다.

구체적인 질문을 던지고 숙고된 계획을 내놓으며 생각할 시간을 줘라. 이 유형은 자기 생각을 남의 생각과 비교하고 싶어 한다. 요청을 어떻게 가장 효과적으로 보완할 수 있을지 알려달라고 해보라. 이렇게 요청해볼 수도 있을 것이다.

* "필요한 모든 정보를 다 고려했다는 것을 확인하는 방법은 무엇일까요?"
* "프로젝트가 제대로 시행되었는지 살펴볼 때 어떤 방법을 쓰시나요?"

34

속마음을 읽어주는 **사람은** 아무도 없다

상대가 내향적인지 외향적인지를 의사소통 과정에서, 특히 요청하는 상황일 때 고려하라. 상대의 성향에 따라 요청하는 방식을 달리하여 접근할 필요가 있다.

내향적인 사람과 소통할 때 주의할 점

앞서 소개한 네 유형 중 인간관계를 조화시키는 사람과 사실 관계를 중시하는 사람은 내향적이다. 과감하게 묻기 조사 연구에서는 요청을 할 때 자신의 내향성이 문제가 된다고 한 응답자들이 많았다. 이들에게는 공통점이 있다. 바로 더 많이 요청하기보다는 주어진 것만 받고 만다는 것이다.

전 내향적이고 남에게 폐 끼치는 걸 싫어해요. 그러다 보니 남들한테 무언가를 부탁하기 어렵네요.

내향적인 성격을 타고난 탓에 남들이 저를 어떻게 생각할지 지나치게 의식해요. 무언가 묻고 요청해서 누군가를 조금이라도 불편하게 만드느니 제가 불편함을 참고 사는 걸 택하죠.

내향적이어서 부탁하기 힘들어요. 꼭 부탁해야 하는 것이 아니라면 그냥 부탁 안 하는 편이 편해요.

내향적인 사람들은 요청을 하더라도 사적인 방식을 택한다. 회의에서 공개적으로 발언하기보다 끝난 후 당신에게 개인적으로 다가와 고려할 점을 말하거나 방향을 제시하는 식이다. 그러니 이들의 속마음을 알고 싶다면 사적으로 대화할 기회를 찾는 것이 좋다.

외향적인 사람과 소통할 때 주의할 점

네 유형 가운데 결정하려는 사람과 직관적 느낌을 중시하는 사람은 외향적이다. 외향적인 사람은 요청하는 데 어려움이 없다. 하지만 모든 사람이나 모든 사항을 고려해야 하는 상황이라면 이들을 도와줄 필요가 있다. 이들은 긴장하는 일 없이 회의에서 공개적으로 발언한다. 그렇지만 별 관련 없는 문제에 시간을 낭비하기도 한다.

공격하거나 괴롭히는 방식만 아니라면 사람들은 남들을 돕고 싶어 한다고 생각해요. 저도 그렇고요. 그러니까 얼마든지 요청할 수 있죠.

어째서 아무것도 묻지 않고 잠자코 앉아 있는 거죠? 속마음을 읽어줄 사람은 아무도 없어요.

때로는 그냥 밀어붙인 다음 나중에 용서를 구하곤 해요.

과감하게 요청하는 외향적인 사람은 무대에서 연기하는 배우처럼 보이기도 한다. 소리 내 말하는 도중에 실시간으로 생각을 정리하고 완성하기 때문이다. 필요하다면 조금 더 생각하고 발언하도록 요청할 수 있다. 외향적인 사람이 공개된 자리에서 민감한 질문을 던지는 경우에는 "당장 대답할 준비가 되어 있지 않습니다. 일단 핵심 문제부터 다루도록 합시다"라고 답하라.

각 유형마다 나름의 장점을 지니지만 단점도 있다. 아래 사례들은 각 유형이 문제를 해결하는 과정을 보여준다. 각 인물이 어떻게 단점을 보완해 요청을 개선하는지 살펴보자.

유형에 따라 문제 해결 방식도 다르다

결정하려는 사람

도미닉은 세일즈를 좋아한다. 사람들이 결정하도록 돕는 일도 좋아한다. 하지만 실패하는 경우도 적지 않다. 고객의 필요가 무엇인지 신중히 고민하지 않고 거래를 밀어붙이는 탓이다. 상사는 도미닉에게 고객을 체계적으로 분석하고 고객에게 맞춤형 해결책을 제시하라고 조언했다.

이를 받아들여 도미닉은 보다 심도 있는 질문을 던져 고객의 목표와 문제를 파악하기로 했다. 더 많은 질문을 던지려면 시간이 더 든다. 당연히 합의에 이르는 속도는 느려졌다. 하지만 고객의 필요를 알기 위한 추가 질문은 세일즈 매출액과 수익을 동시에 올려주었다.

직관적 느낌을 중시하는 사람

엘리스는 이탈리아에서 열리는 협회 회의에 참석해 발표해달라는 요청을 받았다. 상사에게 보고하자 단순한 발표만으로는 출장비 지급이 어려우니 참석 요청을 수익 창출 기회와 연결시켜보라는 의견이 나왔다. 엘리스는 요청 내용을 수정해 그 행사가 회사의 해외 매출을 확대할 기회라고 보고했다. 행사에 참석하는 잠재적 고객의 명단을 정리하고 미팅 계획도 첨부했다.

인간관계를 조화시키는 사람

애덤은 고객 서비스 부서를 이끌고 있다. 최근 고객 상담 전화가 늘어나면서 세 사람을 승진시키고 새로 인력을 채용할 필요가 생겼다. 상사는 애덤이 직원들의 고충에만 초점을 맞춘 탓에 과거 비슷한 요청들이 거절당했음을 상기시키면서 조금 더 단호해지라고 조언했다.

애덤은 매출과 수익 증대를 원하는 경영진의 기대에 맞춰 충원 요청을 수정했다. 인력 충원이 기존 고객 유지 및 기존 고객의 구매액 상승에 어떻게 도움이 되는지 제시했다. 관련된 모든 당사자들의 이해관계를 고려하면서 요청한 것이다.

사실 관계를 중시하는 사람

리앤의 상사는 리앤이 리더 역할에 지원하지 않은 탓에 성장 기회를 놓치고 있다고 지적했다. 결정을 내리기 전에 거듭 생각하고 고려하는 성향 때문에 리더로 맡을 수 있었던 세 번의 프로젝트를 흘려보낸 것이다. 분석에 집중하느라 행동하지 못하면서 커리어가 정체되었다. 리앤은 현재 계획 중인 프로젝트들의 리더가 될 기회를 따져보았다. 그리고 다음번 회의에서 처음으로 입을 열어 한 프로젝트의 리더 자리를 요청했다. 첫 번째 요청이 거부될 경우에는 두 번째 프로젝트 리더를 요청할 작정이었다. 충실히 조사하는 능력을 바탕으로 최선의 요청을 미리 준비한 것이다.

당신이 특정 의사소통 유형을 다른 유형들보다 선호한다 해도 비즈니스 상황에서는 다양한 유형의 사람들과 접촉할 수밖에 없다. 차이점을 존중해야 요청이 받아들여지기가 쉽다. 다양한 유형과 관계를 맺는 능력은 의사소통 역량의 핵심이다. 의사소통의 달인들은 상대에 따라 다른 접근을 하면서 최고의 결과를 내곤 한다.

라스의 사례

연례 세일즈 회합에 참석한 라스는 150명의 참석자들이 제대로 집중하지 못하는 모습이 실망스러웠다. 그래서 자리에서 벌떡 일어나 연사에게 양해를 구했다. "잠깐만요. 훌륭한 강연을 해주셔서 고맙습니다. 그런데 저희가 어젯밤에 과음한 탓에 '서로 다른 의사소통 유형을 지닌 사람들과 대화하는 방법'이라는 중요한 주제를 제대로 소화하지 못하고 있습니다."

이어 라스는 동료들의 이름을 하나씩 호명했다. "폴레트, 작년에 고객을 설득해 미국 세 개 주의 병원에 우리 시스템이 들어가도록 하는 성과를 올렸죠. 그때 고객사의 담당자는 당신과 비슷한 유형이었나요, 아니면 전혀 달랐나요?" 폴레트가 큰 소리로 "더 이상 다를 수가 없을 정도였죠. 처음에는 어떻게 소통해야 할지 전혀 모르겠더라고요. 데이터에만 매달리는 사람이어서요"라고 대답했다.

라스는 고맙다고 인사한 후 이번에는 다른 이름을 외쳤다. "제리, 3개월 전에 리스 협상을 했고 사상 최대 액수를 따냈죠. 그때 담당자는 당신과 비슷한 유형이었나요?" 제리도 "완전히 달랐죠"라고 대답했다. 이어 라스가 청중들을 바라보며 말했다. "저 역시 마찬가지 경험을 했습니다. 여기서 일하고 살아남으려면 새로운 학습이 필요하다는 겁니다. 자, 이 중에서 현재 고객과의 의사소통이나 실적에 완전히 만족하는 분이 있다면 나가서 낮잠을 즐기셔도 좋습니다. 저는 그렇지 못한 입장이니 열심히 메모하며 듣겠습니다."

요청의 달인은 남들이 지녔지만 자신에게는 없는 통찰력, 재능, 경험을 높이 평가할 줄 안다.

35 협상은 곧 요청이다

과감하게 묻기 조사 연구에서 응답자들은 다음 요인들이 요청하는 데 영향을 미친다고 언급하였다.

* 가족 관계와 구조 (출생 순위, 편부모 가정, 부모와의 관계)
* 성장과 교육 배경 (문화, 종교, 교육 수준)
* 직무 경험 (업무 책임감, 리더십 역할, 멘토)
* 인생 경험 (건강, 결혼 혹은 이혼, 정치 성향)

성별, 세대, 사회경제적 지위, 인종, 종교 등 스스로 통제할 수 없는 요소들도 있다. 특정 문화에 대해 거의 아는 바가 없다면 혹시 제멋대로 잘못된 가정을 하고 있는 것은 아닌지 확인하라. 상대방과 그

배경을 잘 아는 누군가의 도움을 받는 방법도 있다. 상대에게 어떤 방식으로 요청하는 것이 최선인지 알려줄 것이다.

의사소통 방식의 차이가 문제일 땐 그 뒤에 숨은 원인을 찾아보라. 어쩌면 당신의 성장 배경이 문제일지도 모른다. 우리 연구의 많은 응답자들은 부모의 양육 방식이나 가족 관계를 언급했다. 특정 경험이나 문화에 노출된 적 없어 무지한 것이 원인일 수도 있다. 나 자신의 성향을 파악하고 요청의 근거를 제대로 확립한다면 더 나은 요청과 접근이 가능해질 것이다.

성별도 의사소통 방식에 영향을 미친다

우리 연구 조사에서 요청 방법에 영향을 미치는 요인으로 가장 많이 언급된 것이 성별이었다. 주로 여성들이 이를 지적하였다.

> 우리 집안의 여자아이들은 도와주는 사람으로 키워졌어요. 직업을 갖거나 자기 목소리를 내는 존재가 아니고요.

> 사람들은 여자들이 무엇을 받든 고맙다고 인사해야 한다고 생각해요. 그게 원하는 것이든, 기대 이하의 것이든 말예요.

여자들은 비즈니스의 규칙을 제대로 배울 기회를 갖지 못해요. 직장에서 보상은 선물이 아니라 쟁취해야 할 대상이라는 점을요.

하지만 스스로 강하게 키워져 자기 표현을 자유롭게 할 수 있다고 응답한 여성들도 있었다. 어머니, 아주머니, 할머니, 상사, 더 나아가 형제나 아버지, 남편 등 남성 역할 모델들이 강한 여성이 되는 데 도움이 되었다는 것이다.

저는 대대로 여자들이 여성적인 동시에 강하고 거침없는 집안에서 자랐어요.

부모님은 오빠 셋과 저 모두에게 원하는 일은 뭐든 할 수 있다고 말씀해주셨어요.

저는 여성 운동을 높이 평가해요. 병원과 학교를 세우고 유지하고 발전시키기 위해 과감한 요구를 서슴지 않았던 베네딕토 자매회 수녀들도 대단하다고 생각하죠.

남성 응답자들은 아무도 남성이라는 성별이 요청을 하는 데 유리했다거나 불리했다는 언급을 하지 않았다.

과감하게 묻기 조사 연구 결과는 이전의 묻기 관련 연구 결과와 일

맥상통한다. 남녀 모두를 조사 대상으로 삼은 경우 약간의 차이는 나타나지만 통계적으로 유의미한 수준까지는 아니다그림 9 참조. 이번 조사에서 남녀 간 차이가 나타난 질문은 두 개였다. 첫 번째로 여성들은 자신을 위해서보다 남을 위해 요청하는 것을 남성들보다 6퍼센트 더 선호하였다. 하지만 기본적으로 남녀 모두 자신보다 남을 위한 요청이 편안하다고 하였다.

두 번째 질문에서는 남녀의 응답 비율이 위와 반대로 나타났다그림 10 참조. 요청을 하다가 포기한 결과 원했던 일이 남에게 돌아가게 되었다는 응답이 남성들에게서 여성들보다 6퍼센트 높게 나타난 것이다.

그림 9 남녀 차이: 남을 위해 요청할 때 더 편안하다.

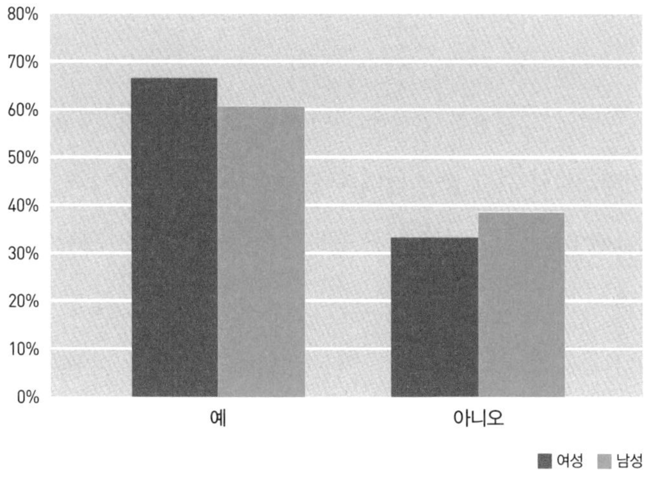

그림 10 남녀 차이: 무언가 요청하다 포기한 후 원하던 것이 남에게 돌아가는 모습을 본 경험이 있다.

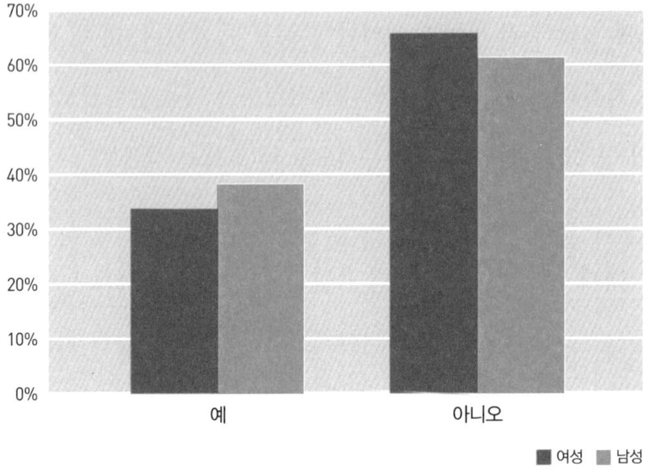

여성들은 왜 요청하지 못하나

기존 연구도 요청과 협상에 있어 남녀 성별 차이를 지적한 바 있다. 경영대학원 재학 중인 남녀 학생들을 비교한 결과 남학생들은 여학생들에 비해 취업 협상을 더 잘하고 높은 연봉을 요구하는 경향이 있었다.

그 결과 여성 졸업생의 초임 연봉은 남성에 비해 8.5퍼센트가 낮았다. 처음에 더 많이 요청하지 않은 탓에 시간이 가면서 남녀 연봉 차이는 계속 벌어졌다. 《여자는 어떻게 원하는 것을 얻는가Women Don't

Ask》를 쓴 린다 뱁콕Linda Babcock과 사라 래시버Sara Laschever는 이를 다음과 같이 정리한다.

> 첫 직장의 초봉 협상을 등한시한 결과 여성들은 직장 생활 마지막 단계까지의 총소득에서 50만 달러 이상의 손해를 본다. 동일한 자질을 지닌 남성들은 여성들에 비해 네 배나 많이 더 높은 연봉을 요구한다.

이러한 성별 차이에 어떻게 접근할 것인가는 기업 입장에서도 골칫거리이다. 회사들은 성별과 무관하게 업무를 기술하고 급여 범위를 결정한다. 하지만 요청하지 않는 여성들은 인사과를 진퇴양난으로 만든다. 한 인사 관리 전문가는 다음과 같이 하소연하기도 했다. "성차별을 하지 않으려면 처음부터 여성들에게 더 높은 연봉을 제시해야 하는 걸까요? 그렇게 하는 게 성차별이 아닐까요?"

'자아 힘 키우기Power of Self' 교육 프로그램을 통해 강력한 네트워크와 명성을 구축한 마샤 클라크Marsha Clark는 '여성이 여성을 지원하는 것'이 해결책이라고 주장하며 여러 기회를 만들고 높은 수준의 유대를 이어가면서 교육 내용을 현실과 연계하고 있다.

여성이 요청하도록 독려하는 데는 남성과 여성 모두가 중요한 역할을 담당한다고 한다. 책임감을 부여하고 필요한 사람들과 연결해주고 코칭하는 것은 쉽지 않은 일이다. 나서서 말하고 요청하도록 여성을 독려하기 위해서 "당신도 할 수 있어요", "이 일에 당신만큼 준비되고 역량 있는 사람은 없어요" 같은 말을 들려줄 수 있다.

줄리의 사례

줄리는 동료인 수전이 이사회에서 발언하길 원하면서도 먼저 나서지 않는다는 점을 눈치 채고 물었다. "왜 그러는 거야? 분명 묻고 싶은 게 있는데도 참는 이유가 뭐냐고?"

수전은 힘 있는 리더들이 둘러앉은 회의석상에 있는 것이 아직은 불편하다고 털어놓았다. 줄리는 "신경 쓰지 말고 질문을 던지고 의견을 말해. 너는 자격이 있어서 이사회 일원이 된 거야. 다른 이사들이 동의하든 안 하든 네 의견은 그 자체로 가치가 있어"라고 격려해주었다.

당신은 준비가 되어 있다

말만 들어도 공포스러운 '협상'이라는 과정에 당면해 있는가? 협상이라는 단어 앞에서는 모두가 불편해진다. 이는 압박이 큰 세일즈 상황일 수도, 상대방의 조종 시도에 대항해야 하는 상황일 수도 있다.

협상은 입장이 잘못 전달될 수 있다는 부담, 속아 넘어가거나 이용당할 위험, 상대편의 더 나은 준비로 인한 패배 가능성 등의 불안감을 동반한다. 협상이라는 전장에서 이성을 잃거나 중요한 사항을 까

먹을까 봐 걱정스러운가?

당신은 강하고 현명하고 준비되어 있다. 당신을 정신적으로 압박해 특정 선택을 강요하거나 힘으로 찍어 누를 사람은 아무도 없다. 이 분야의 고전인 《Yes를 이끌어내는 협상법Getting to Yes: Negotiating Agreement Without Giving In》의 저자인 로저 피셔Roger Fisher와 윌리엄 유리William L. Ury는 "좋든 싫든 우리는 모두 협상가다. 협상은 삶의 특징이다"라고 말했다.

와튼스쿨 교수인 데보라 스몰Deborah Small과 동료들이 〈협상 테이블에 나가는 사람은 누구인가?Who Goes to the Bargaining Table〉라는 논문에 썼듯 협상은 여성이 특히 취약한 부분이다. 하지만 같은 상황을 요청이라고 바꿔 생각하면 성별로 인한 불안이 사라진다. 다시 말해 여성들에게는 협상보다 요청이 더 쉽게 느껴지는 것이다.

협상 과정을 '영향 미치기', '요청하기', '묻기'로 바꿔 불러보라. 무언가도움, 조언, 돈, 더 나은 행동 등를 누군가에게 요청하는 상황은 이미 협상이라 할 수 있다. 협상할 때 우리는 여러 요청을 연이어 하게 된다. 상대의 이해관계를 파악하기 위해 이런저런 질문도 던진다. 상대도 당신의 이해관계를 확인한다. 이렇게 정보가 교환된다. 이를 종합해 적절한 요청을 하고 동의를 구한다. 이 과정에서 관계가 형성되거나 강화된다.

유능한 협상가의 방식을 관찰하라. 그는 질문을 던지고 대답을 경청하고 다시 질문을 던진 후 수집한 정보를 바탕으로 최선의 결정을 내린다.

협상은 곧 요청이다. 최고의 협상가는 상대가 일선의 직원이든 최고경영자든 존중하며 편안하게 대한다. 그리고 언제나 어디서나 질문을 던진다.

36

나와 배경이 다른 사람에게 **요청해야** 한다면

나와 상대가 서로 다른 언어를 사용하고 있다면 어떨까? 언어 장벽은 복잡한 대화는 물론이고 단순한 논의도 어렵게 만든다. 미묘한 의미를 전달할 수도, 지름길로 갈 수도 없다. 특정 단어나 관용 표현이 언어에 따라 다른 의미를 지니기도 한다. 기본적인 소통 언어가 문제라면 요청과 같이 복잡한 의사소통은 거의 불가능해진다. 그래도 포기하지 말라.

통역사가 필요한 경우도 있지만 대부분은 그렇지 않다. 상대와 모국어가 서로 다를 때, 혹은 상대의 사투리나 억양이 강해 알아듣기 힘들 때는 주의 깊게 듣고 들은 내용을 반복하라. 틀린 점이 있다면 상대가 고쳐줄 것이다. 서로 다른 의견을 세부적으로 교환해야 한다면 이메일을 활용할 수 있다. 정보를 잘 살피고 논의하여 요청을 분명히 할 가능성이 생긴다. 또한 전화보다는 대면 접촉이나 비디오 회의가 더 낫다.

멕시코 거래처와 원격 회의를 하면서 언어 장벽 문제를 느끼게 되었습니다. 저희가 영어로 1차 요청을 하면 상대는 스페인어로 열띤 논의를 벌인 뒤 영어로 답변해주었죠. 그리고 자신들의 논의 시간을 '스페인어 사용 시간'이라고 농담하곤 했습니다. 스페인어 사용 시간이 길어지면 우리 쪽은 오래 대기해야 했지만 기다린 보람이 있었습니다. 우리 제안을 잘 이해해 더 나은 답변이 나오곤 했으니까요.

문화 장벽을 넘어서 요청해야 하는 시대가 온다

개인적인 언어 습관을 점검하라

당신의 억양이나 전문 용어, 은어 등이 문제가 되어 상대가 당신 말을 알아듣고 이해하기 어려운 상황이라 생각된다면 도움을 청하라. 발표 지도, 언어 치료, 억양 전문가 등이 도움을 줄 수 있다. 남들이 당신의 말, 당신의 요청을 잘 알아듣도록 해야 한다.

저는 영업 부서와 소프트웨어 엔지니어들 사이를 중재하는 역할을 합니다. 양쪽과 대화하고 메시지를 전달할 때는 사용하는 용어와 정보를 다르게 표현합니다. 더 나아가 소통 방식 자체를 바꿔버리죠.

긍정적인 호기심을 유지하라

서로 다른 배경의 사람들을 접해보고 포용하라. 참여를 독려해 여러 명을 대화에 끌어들이면 서로 다른 이해관계를 더 깊이 이해하고 다양한 기회를 인식하며 더 적절하게 요청하는 능력을 갖추게 된다.

* 남들이 시간을 보내는 곳에서 당신도 시간을 보내라.
* 자원봉사 활동을 함께하라.
* 함께 점심을 먹으면서 의견을 교환하라.
* 행사에 참석하고 다른 문화에 익숙해져라.
* 다른 배경을 지닌 사람들의 멘토가 되어라.
* 낯선 관행을 존중하라.
* 상대가 하는 말을 진심으로 경청하라. 그리고 상대가 하는 말뿐 아니라 하지 않은 말도 파악하라.

샐리의 사례

샐리와 남편 브라이언은 여러 문화가 혼재하는 곳에서 자녀들을 키우고 있다. 부부는 유대교 회당에서 적극적인 역할을 하는 유대인이지만 자녀들의 친구나 이웃은 유대인이 아니다. 그럼에도 샐리는 유월절 만찬에 자녀들의 친구 가족들을 초대했다. 종교가 다른 이들도 유대교 전통의 그 성대한 식사를 함께 즐기는 것이 좋다고 생각했기 때문이다. 샐리는 "어렸을 때 저는 친구들과 성탄 나무를 꾸미고 불 밝히는 걸 좋아했어요. 그건 종교 행사만이 아니었어요. 우리는 서로의 삶과 경험을 공유할 필요가 있는 거죠"라고 말했다.

《다양성 이점The Diversity Advantage》을 쓴 레노라 빌링스-해리스Lenora Billings-Harris는 "우리는 자신의 인생 경험이라는 렌즈로 상황을 파악한다. 상반되는 시각을 더 많이 경험할수록 판단을 성급히 내리지 않을 수 있다"라고 하였다.

어떤 상황이든 더 많이 배우고 질문을 던지려는 의지는 문화 격차를 극복하도록 해준다. 사실 진술은 적게 하라. 당신은 자신의 진실만 알 뿐이다. 남들이 어떻게 행동해 성공하는지 지켜보라. 호기심을 갖고 존중하는 질문을 던져라. 미국 최초의 여성 대법관인 샌드라 데이 오코너Sandra Day O'Connor는 목장 생활, 어머니, 자원가로서의 경험에서 배운 바를 다음과 같이 지적했다. "이 세상에서 홀로 이룰 수 있는 일은 아무것도 없습니다. 모든 일은 나와 다른 사람들이라는 실이 서로 엮여 만들어지는 양탄자와 같은 것이지요."

지레짐작하는 대신 묻고 파악하라

겉모습이나 배경을 바탕으로 지레짐작하지 말라. 대다수의 사람들은 정직하고 신뢰할 만하며 선한 의도를 갖고 있다. 당신을 도와주는 이들이 당신과 전혀 다르게 성장해 다른 경험을 해왔다는 점을 기억하라. 《신뢰의 속도The Speed of Trust》를 쓴 스티븐 M. R. 코비Steven M. R. Covey는 "우리는 의도를 바탕으로 자신을 평가하고 행동을 바탕으로 남들을 평가한다"고 지적한다.

37

요청의 달인이 전하는 17가지 조언

요청의 달인들이 쓰는 방법은 우리와 어떻게 다를까? 과감하게 묻는 사람들의 전략은 무엇일까? 다음은 이권이 큰 요청을 하고 강력하게 영향을 미치기 위한 방법들이다.

영향력 있는 사람이 되기 위한 묻기 원칙

면대면을 택하기

이메일이나 문자로 'No'라고 답하기는 상대적으로 쉽다. 그러니 가능한 한 얼굴을 마주보고 설득하도록 하라. 기술을 매개로 한 의사소통에는 공감 형성의 기회가 없다. 전송 버튼을 누르기보다는 찾아가 말할 방법을 찾아라. 이메일보다는 목소리로, 목소리보다는 얼굴로 다가가야 한다.

저는 상대의 말을 잘 들어주는 사람이고 몸짓 언어를 잘 파악합니다. 그래서 전화나 이메일로는 오래 대화하지 않으려 하지요.

최악에 대비하고 최선을 기대하기

피하고 싶은 상황이 펼쳐질 경우를 대비하라. 상대가 예상과 다른 반응을 보일 때 말문이 막혀서는 안 된다.

유연하게 요청하기

전략에 매달리지 말고 결과에 초점을 맞춰라. 자신이 통제할 수 있는 부분에 집중해야 한다.

남들의 답변을 맹신하지 않기

들은 말을 모두 믿어버리지 말라. 정확하지 않은 것도 있다. 자기 직감을 믿어라. 미심쩍은 구석이 있다면, 다른 정보와 맞지 않는 논리라면 다시 확인해달라고 요청해야 한다.

사실 관계를 분명히 하기

당신보다 더 영향력이 큰 상대와 만난다면 더 꼼꼼하게 준비하라.

수치를 확인하고 추정치가 나오게 된 방법을 알아보라. 보고서의 결과에 의문을 가져라. 어디서든 실수가 나올 수 있다.

설명 요구하기

상대가 말을 많이 하면 할수록 당신은 유리하다. 충분히 설명을 요구해야 한다. 상대가 어떻게 그런 결론에 도달했는지 물어보고, 질문을 통해 상대의 동기와 이해관계를 파악하는 과정은 매우 중요하다. 묻고, 묻고, 또 물어라.

남들의 경험 수집하기

요청을 하기 전에 상대에게 무엇이 통하고 무엇이 안 통하는지 여기저기에 물어보라. 과거에 성공했던 사람을 찾아 그 방식을 따르면 더욱 좋다. 실수를 거듭하기에는 시간이 충분치 않다.

유머 감각 겸비하기

유머 감각이 없다고? 그럼 찾으면 된다. 분위기를 가볍게 만들 필요가 있다. 상대의 어이없는 반응에 폭발하는 대신 유머로 대응하면 대화의 부담이 줄어든다.

무언가 부탁할 일이 있을 때면 고객이 제일 좋아하는 스타벅스 음료를 들고 가곤 합니다. 그건 일종의 유머가 되었죠. 음료를 들고 찾아간

저를 보자마자 고객은 "오늘은 무슨 부탁을 하려고요?"라고 묻거든요. 부탁하기가 쉽진 않지만 그래도 분위기가 가벼워지니 훨씬 낫더군요.

주어진 상황에서 최선의 요청을 하기

협상은 그 시점에 가능한 사실들에 기반한다. 상황, 참여자, 한계가 동일하게 반복되는 법은 없다. 스스로에게 이렇게 물어보자. "이것이 여기 이 사람들, 그리고 현재까지 확보한 정보를 고려할 때 가능한 최선의 요청인가?"

제대로 다루지 못한 요소가 있다고, 더 좋은 결과가 나오지 않았다고 미련을 갖지도 말라. 주어진 상황에서 최대한 잘 준비하면 된다. 물론 시간이나 정보가 더 있었다면 더 좋은 결과를 얻었을 수도 있다. 하지만 시간을 더 쓰느라 요청 시간이 늦어진다면 아예 판이 깨질 가능성도 있다. 또 당신에게 불리한 정보를 수집할 여유를 상대에게 줄지도 모른다.

답변에 대해 판단하기

요청에 대한 답으로 상충되는 조언이나 의견들이 나올 수 있다. 그 내용과 근거를 살펴보아야 한다. 당신에게, 그리고 현재 상황에 가장 잘 맞는 것을 취사선택하라.

약속 지키기

하겠다고 한 일은 최대한 해내려는 노력이 무엇보다 중요하다.

관계 유지하기

더 높은 지위라고 자만해선 안 된다. 언제 상황이 바뀌어 반대 위치에 서게 될지 모른다. 요청이 수락되었든 아니든 우호적으로 종료할 필요가 있다. 언제든 다시 그 상대와 마주칠 수 있기 때문이다.

정해둔 각본에 매달리지 않기

얻고자 하는 것의 조건을 너무 고수하지 말라. 단 하나의 선택만 존재하는 경우는 거의 없다.

그만둘 수도 있다는 각오하기

협상을 포기할 수 없는 입장이라면 협상 능력이 크게 낮아진다. 요청 노력이 아무 성과를 거두지 못한다면 그만둘 수 있다는 각오가 필요하다.

합의 내용 문서로 남기기

사소한 합의라도 분명하게 의사소통했음을 확인하는 방법 중 하나가 문서로 남기는 것이다. 사람의 기억은 흐려지기 마련이다. 오해의 여지를 없애고 합의가 확실히 지켜지도록 하라. 요청이 받아들여졌다면 이후 이를 확인하는 기록이나 이메일을 보내며 마무리한다.

현실 고려하기

스스로 했던 노력에 관대한 태도를 가져라. 상황의 가능성, 시간적 압박을 성과와 함께 고려하는 것이 좋다. 모든 요청이 기대했던 방식대로 실현되지는 않는다. 모든 요청이 받아들여질 수도 없다.

과감하게 묻기

더 얻기 위해 묻는 것은 탐욕이 아니다. 묻지 않는다면 언제 더 얻게 될지는 절대로 알 수 없다. 정당한 몫을 받기도 어렵다. 과감하게 요청하라. 그리고 어떻게 되는지 지켜보라.

앞으로 이런 전략을 활용하며 과감하게 묻기를 시도한다면 요청의 달인이 될 가능성이 높아질 것이다. 당신을 응원한다!

Change Up

묻도록 독려하기

이번 '묻도록 독려하기'는 아주 길다. 그런 만큼 여기에서 다루는 내용은 남들이 과감하게 묻도록 만들어줄 가능성이 크다. 직속 부하들, 혹은 당신이 영향을 미치는 사람들과 매주 정기적으로 만나라. 만날 때에는 상대의 의사소통이나 묻기 유형, 즉 특징을 고려하라.

* 상대가 소극적이라면 (인간관계를 조화시키는 사람이나 사실관계를 중시하는 사람이라면) 일대일 상황에서 중요한 질문을 던질 가능성이 높다. 정기적으로 일대일 만남을 잡아라. 그리고 이번 주에 어떤 성과를 거두었는지, 더 나아지기 위한 다음 주 계획은 무엇인지, 직업적으로 더 성장할 방법은 무엇인지, 필요한 사항인데 미처 묻지 못한 것은 무엇인지와 같은 질문을 던지겠다고 미리 알려라. 답변과 제안을 미리 준비하도록 돕는 것이다.
* 상대가 외향적이라면 (결정하려는 사람이나 직관적 느낌을 중시하는 사람) 일대일로 만나 당신과의 소통 기회를 온전히 확보할 기회를 줘라. 이번 주에 개선할 문제가 무엇인지, 혹은 다음 주 우선순위 사안이 무엇인지 등을 물어라. 주 중반에 만나게 된 상황이라면 우선순위 일들이 당장 급한 것인지, 아니면 일대일 만남 동안 미뤄두어도 되는 것인지를 먼저 확인하라.
* 내향적인 사람과 외향적인 사람이 한 팀을 이뤄 일하도록, 특히 요청하는 일을 하도록 하라. 서로가 상대의 강점을 파악하고 도와주게 하라. 내향적인 사람은 요청 사항을 세부적으로 찬찬히 생각하면서 외향적인 사람을 돕게 하라. 외향적인 사람은 미팅이나 프레젠테이션, 네트워킹 같은 현장에 내향적인 동료를 데려가게 하라. 상대의 강점을 활용하고 거기 의존할 수밖에 없다는 현실적 깨달음은 그 어떤 교육이나 코칭보다도 효과가 클 것이다.
* 의사소통의 네 가지 유형과 외향성, 내향성 분석에 더해 당신의 리더십과 팀 관행도 점검하라. 사람들이 배제되는 장소가 있는가? 팀원들이 더 많은 다양성을 경험하고 함께의 가치를 깨닫도록 돕고 있는가? 멘토링이 필요한 직원들이 있는가? 상사의 격려가 확신을 높이고 위험을 감수하도록 돕는다는 연구 결과가 많다. "자네는 할 수 있어", "자네 생각은 어떤가? 이 문제에서는 자네가 우리 대표일세", "자네가 최고로 해낼 수 있다는 생각을 안 했다면 애초에 맡기지도 않았을 거야"와 같은 말이 효과적이라고 한다.

Change Up

과감한 요약

* 강력하게 요청할 때 어떤 방법이 효과적인지 파악하려면 우선 상대의 유형을 구분해보라. 결정하려는 사람(진지하고 효율적임), 직관적 느낌을 중시하는 사람(활동적이고 인간관계를 중시함), 인간관계를 조화시키는 사람(다정하고 공감을 잘함), 사실관계를 중시하는 사람(원칙적이고 사실에 기반함) 중 어느 유형인가?
* 우리 모두는 성장 배경, 가족 관계, 인생 경험을 바탕으로 특정 의사소통 성향을 지닌다. 성별, 민족, 종교, 사회경제적 지위 또한 무언가를 묻고 대답하는 방식에 영향을 미친다.
* 성별은 묻기 행동에 가장 큰 차이를 낳는 요소로 드러났다. 여성들은 연봉 협상 등의 직장 내 협상에서 남성만큼 많은 요청을 하지 않는다.
* '협상'이라는 이름이 붙으면 남녀 모두 더 긴장하고 불안한 모습을 보인다. 대신 '묻기'나 '요청하기'라는 이름을 붙이면 불안감이 줄어들고 묻기의 성별 차이도 감소한다.
* 여러 문화의 다양한 경험을 누릴 수 있다면 더 효과적으로 사람들과 관계를 맺고 요청도 더 잘 할 수 있다.

현명한 질문

* 어떤 현상을 요청이나 영향으로 바꾸어 생각할 방법은 무엇인가?
* 요청을 할 때 나 자신의 의사소통 유형은 어떤 식으로 도움 혹은 방해가 되는가?
* 서로 다른 의사소통 유형을 지닌 상대에게 동일한 요청을 어떻게 달리하면 좋을까?

질문 목록

* 요청하기 전에 상대가 어떤 의사소통 유형인지 확인하고 있는가?
* 자신의 의사소통 성향을 인식하라. 새로운 사람과 점심을 먹는다든지, 모르는 종교기관을 방문한다든지, 문화 행사에 참석한다든지 하는 호기심을 유지할 수 있는 활동을 하라.
* 목표 달성을 위해 자신의 의사소통 성향을 활용하라.

물어보라, 떨지 말고!

과감하게 묻는 일은 생각보다 큰 효과를 발휘한다. 사람들이 과감하게 물어보면서 예상보다 훨씬 큰 성과를 올린다는 점이 경험과 연구를 통해 드러나고 있다. 묻기를 통하면 자기의 삶뿐만 아니라 남들의 삶도 바꿀 수 있다.

이 책을 쓰는 과정은 내가 그간 주장했던 바를 직접 실천하는 과정, 즉 과감하게 물어보기를 경험하는 과정이었다. 출간 제안부터 원고 마감까지, 나는 안전지대 바깥으로 나가 진정 원하는 것을 요청했다. 매 요청마다 걱정과 우려가 많았지만 늘 놀라울 정도로 긍정적인 응답과 결과가 찾아오곤 했다.

이 책은 과감하게 묻기가 만들어내는 놀라운 결과와 귀중한 인간관계의 산 증거이다. 나의 친구들은 출간 제안 단계에서 제안서 내용을 함께 생각해주고 출판사를 소개해주었다. 원고를 검토하고 교정을 봐주기도 했다. 단 한 번의 요청으로 전문 강연인 동료들이 나서서 설문 조사에 필요한 응답자 수를 두 배 이상으로 늘려주었다. TED 강연을 준비할 때에도 격려와 날카로운 조언을 아끼지 않았다.

• • •

예전에 제이 레노에게 사진 찍자는 요청을 하지 못했던 후회가 이 책을 통해 극복되었느냐고? 좋은 질문이다. 이 책에서 이야기한 교훈들을 실제로 적용할 기회가 있었다. 출판사에 원고를 넘긴 그 주, 제이 레노가 우리 동네인 댈러스로 공연하러 온다는 소식을 들었다. 나는 제이 레노 소속사에 이메일을 보내고 SNS를 동원했다.

어떻게 되었을까? 과감하게 묻기는 이번에도 효과를 발휘했다!

공연 당일, 우리는 무대 뒤로 안내받았다. 공연 전에 제이 레노를 만난 것이다. 물론 함께 사진도 찍었다. 이후에는 무대를 휘어잡고 내내 폭소가 터지도록 만드는 공연을 관람했다.

내가 여러분에게 전하는 마지막 조언은 이것이다. 원하는 바에 집중하고 도와줄 수 있는 사람들과 만나라. 당신은 해낼 수 있다. 장애물을 돌파하고 과감하게 성과를 올릴 기회가 당신을 기다리고 있다.

알려면 물어야 한다. 성장하려면 물어야 한다.

성공은 기꺼이 묻는 사람에게 찾아온다. 더 자주, 더 과감하게 물어보라.

이제, 과감하고 현명하게 물으러 가보자!

우물쭈물하지 않고 영리하게 물어보는 법

초판 1쇄 발행 2018년 4월 20일

지은이 • 린다 스윈들링
옮긴이 • 이상원

펴낸이 • 박선경
기획/편집 • 김시형, 이지혜, 권혜원, 한상일, 남궁은
마케팅 • 박언경
표지 디자인 • dbox
본문 디자인 • 디자인원
제작 • 디자인원(031-941-0991)

펴낸곳 • 도서출판 갈매나무
출판등록 • 2006년 7월 27일 제395-2006-000092호
주소 • 경기도 고양시 덕양구 은빛로 43 은하수빌딩 601호
전화 • 031)967-5596
팩스 • 031)967-5597
블로그 • blog.naver.com/kevinmanse
이메일 • kevinmanse@naver.com
페이스북 • www.facebook.com/galmaenamu

ISBN 978-89-93635-92-8/03190
값 14,000원

• 잘못된 책은 구입하신 서점에서 바꾸어드립니다.
• 본서의 반품 기한은 2023년 4월 30일까지입니다.

이 도서의 국립중앙도서관 출판예정도서목록(CIP)은 서지정보유통지원시스템 홈페이지(http://seoji.nl.go.kr)와 국가자료공동목록시스템(http://www.nl.go.kr/kolisnet)에서 이용하실 수 있습니다.(CIP제어번호: CIP2018009707)